edition suhrkamp

Redaktion: Günther Busch

Der Wandel in den politischen und ideologischen Auseinandersetzungen seit den späten fünfziger Jahren und ihre Ursachen sind das Thema in diesem Band versammelten Aufsätze des kürzlich in London verstorbenen Sozialwissenschaftlers. – Was bedeuten Ideologien? Auf diese Frage sucht George Lichtheim eine Antwort. Indem er wichtige ideologische Kontroversen der letzten siebzig Jahre nachzeichnet und ihre Nachwirkungen in der zeitgenössischen Theoriebildung kritisch sichtet, zeigt er ihre fortdauernde Bedeutung ebenso wie ihre Problematik. Seine Studien sind Beiträge zur Ideologiegeschichte der Moderne.

George Lichtheim
Das Konzept der Ideologie

Suhrkamp Verlag

Titel der Originalausgabe: *The Concept of Ideology and other Essays,*
Random House, Inc., New York. Aus diesem Sammelband bringt unsere
Ausgabe eine vom Autor zusammengestellte Auswahl.
Aus dem Englischen übersetzt von Friedrich Griese

edition suhrkamp 676
Erste Auflage 1973
© Copyright 1967 by George Lichtheim. © der deutschen Ausgabe: Suhr-
kamp Verlag, Frankfurt am Main 1973. Deutsche Erstausgabe. Printed
in Germany. Alle Rechte vorbehalten, insbesondere das des öffentlichen
Vortrags und der Übertragung durch Rundfunk und Fernsehen, auch
einzelner Teile. Satz, in Linotype Garamond, Druck und Bindung bei
Georg Wagner, Nördlingen. Gesamtausstattung Willy Fleckhaus.

Inhalt

Der Ideologiebegriff

Es gibt wenige Begriffe, die heute bei Diskussionen über historische und politische Sachverhalte eine größere Rolle spielen als der Begriff der Ideologie; gleichwohl ist nicht immer klar, welche Bedeutung dem Ausdruck beigemessen wird von denen, die ihn verwenden. Selbst wenn man den terminologischen Mißbrauch außer acht läßt, der anscheinend von der politischen Rede nicht zu trennen ist, und seine Aufmerksamkeit auf die Sprache der Soziologen und Historiker beschränkt, wird deutlich, daß Autoren, die sich beiläufig auf die »Ideologie« dieser oder jener politischen Bewegung beziehen, unterschiedliche und sogar einander widersprechende Bedeutungen intendieren. Von dem vulgären Mißverständnis, das in der landläufigen Phrase steckt: »Wir brauchen eine bessere Ideologie, um den Feind zu bekämpfen«, bis zu den raffinierten Sprachspielen akademischer Auseinandersetzungen über »die Wissenschaftsideologie« stößt man immer wieder auf eine terminologische Unsicherheit, die eine tieferliegende Ungewißheit über die Rolle von Ideen bei der Entstehung geschichtlicher Bewegungen widerspiegelt.
Hier soll der Gegenstand geklärt werden durch eine Untersuchung der verschiedenen, mit dem Ausdruck »Ideologie« verknüpften Bedeutungen und des sich wandelnden Stellenwerts der Erscheinung selbst – vorausgesetzt, daß eine derart verbreitete Tendenz wie die zur Verdoppelung und Verzerrung der Realität im Denken sich für eine historische Betrachtungsweise eignet. Läßt man diese Ausgangsvoraussetzung als Arbeitshypothese gelten, wird man, so hoffe ich, zeigen können, daß der Ausdruck »Ideologie« sowohl eine bestimmte Bedeutung als auch eine bestimmte geschichtliche Stellung besitzt: Dabei soll uns die Geschichte des Begriffs hinführen zu der tatsächlichen Wechselwirkung zwischen »realen« und

»ideellen« Faktoren, auf deren Dialektik bei der Formulierung des Begriffs unbewußt gezielt wird. Das Thema ist unlängst von Ben Halpern behandelt worden.[1] Mit Halperns Analyse möchte ich mich im folgenden nicht auseinandersetzen, sondern ich möchte einen Gedanken weiterverfolgen, der sich aus der Beschäftigung mit der Art des Zusammenhangs ergab, in dem der Ideologiebegriff zu jenen Erwägungen steht, die man gemeinhin als »Geschichtsphilosophie« bezeichnet, vor allem zu deren hegelianischer Ausprägung.

Das revolutionäre Erbe

Historisch trat der Begriff »Ideologie« zuerst auf zur Zeit der Französischen Revolution; sein Urheber, Antoine Destutt de Tracy, gehörte zu jener Gruppe von Gelehrten, die im Jahre 1795 vom Konvent mit der Leitung des neubegründeten Institut de France betraut wurden.[2] In der kurzen Zeit, in der das Institut eine überragende Position hatte, bis Napoleon 1801 seinen Frieden mit der Kirche machte und sich gleichzeitig gegen die liberalen Intellektuellen wandte, die ihm in den Sattel geholfen hatten, wurde es mit einer Auffassung zusammengebracht, die zwar älter war als die Revolution, aber jetzt zur offiziellen Auffassung und mit der Praxis des neuen Regimes verknüpft wurde. Ihren endgültigen Ausdruck fanden die leitenden Ideen dieser Überzeugung 1794, auf dem Höhepunkt der Schreckensherrschaft, in Condorcets *Tableau historique des progrès de l' esprit humain;* aber erst unter dem Direktorium gaben die

1 ›*Myth*‹ *and* ›*Ideology*‹ *in Modern Usage,* in: *History and Theory,* I, 2 (1961), S. 129-149.
2 Vgl. George Lefebvre, *La révolution française,* Paris 1957, S. 443. Die Gründung des Instituts war Teil eines Bemühens, für Frankreich ein nationales Bildungssystem zu schaffen, das der Philosophie der Aufklärung verpflichtet war.

Wissenschaft der Ideen [handwritten]

»Ideologen« des Instituts seiner Lehre das offizielle Siegel.[3]
Das Prestige der Ideologen schmeichelte der Eitelkeit Bonapartes, der 1797 Ehrenmitglied des Instituts wurde. Wieviel
diese Auszeichnung ihm wert war, wird aus dem Umstand
ersichtlich, daß er während des ägyptischen Feldzuges von
1798-1799 seine Proklamationen an die Armee als »Général
en chef, Membre de l'Institut« unterzeichnete. In richtiger
Einschätzung ihres Einflusses auf die gebildete Mittelschicht
suchte er 1799, in der Zeit des Staatsstreichs im Brumaire, die
Unterstützung der »Ideologen«, die ihm denn auch beim
Aufstieg zur Macht behilflich waren.[4] Es war nicht zuletzt die Furcht vor ihrem beherrschenden Einfluß auf
die öffentliche Meinung, was ihn im Januar 1803 ver-
anlaßte, seinen wachsenden Despotismus (und sein Kon-
kordat mit Rom) dadurch zu krönen, daß er den Kern des
Instituts, die »classe des sciences morales et politiques«, von
der liberale und republikanische Vorstellungen auf das gesamte Bildungs-Establishment ausstrahlten, praktisch zer-
schlug. Die Geschichte des Niedergangs Bonapartes läßt sich
ablesen an seinen Beziehungen zu den »Ideologen« bis hin zu
jenem Tag im Dezember 1812, an dem er – von der Niederlage in Rußland nach Paris zurückgekehrt – sie in einer Rede
vor dem Staatsrat für die Katastrophe verantwortlich machte, in die sein eigener Despotismus das Land gestürzt hatte.[5]

è Condillac vgl. Lefebvre S. 170 [handwritten]

3 A.a.O., S. 578: »Destutt de Tracy wollte aufgrund der Beobachtung
feststellen, wie die Ideen sich bilden; daher der Name der Schule.«
4 A.a.O., S. 534: »In Paris angekommen, [. . .] bewies er eine durchaus
republikanische Zurückhaltung und besuchte das Institut, wo er mit den
Ideologen fraternisierte.« Vgl. A. Aulard, *Histoire politique de la révolution française*, Paris 1926, S. 694, zu den Illusionen der liberalen Intellektuellen, die fest damit rechneten, daß Bonaparte das aufgeklärte Reich
ihrer Träume eröffnen würde.
5 »Die Ideologie, diese finstere Metaphysik, die mit Subtilität nach den
letzten Ursachen forscht und auf ihnen die Gesetzgebung der Völker begründen will, statt die Gesetze nach dem Wissen vom menschlichen Her-
zen und nach den Lehren der Geschichte zu gestalten – ihr muß man das
ganze Unglück unseres schönen Frankreich zuschreiben.« Zitiert bei Hip-

Die »Ideologen« des Instituts waren Liberale, welche die Freiheit des Denkens und der Rede als die hauptsächliche Errungenschaft der Revolution betrachteten. Ihre Haltung war »ideologisch« in dem doppelten Sinne, daß sie sich mit Ideen befaßten und daß sie die Verwirklichung »idealer« Zielvorstellungen – nämlich ihrer eigenen – über die »materiellen« Interessen stellten, welche die Grundlage der nachrevolutionären Gesellschaft waren. Zumindest zeitweilig konnten sie sich mit einer aufgeklärten Diktatur abfinden, welche die Hauptergebnisse der Revolution bewahrte, nicht aber mit einem Regime, das sich zusehends zu einem Absolutismus zurückbewegte, der von der etablierten Religion unterstützt wurde. Sie wurden von Napoleon ignoriert, auch wenn er die sozialen Grundpostulate der neuen Ordnung vertrat und nach seiner Rückkehr von Elba im Jahre 1815 einen letzten Versuch machte, ihren Beistand zu gewinnen. Unter der Bourbonischen Restauration führten sie die liberale Oppostion an. Die Juli-Revolution im Jahre 1830 realisierte schließlich mit der Einführung der parlamentarischen Regierungsreform eines ihrer Hauptziele, wenn auch auf prosaische Weise. Napoleons Geringschätzung ihnen gegenüber wurde von Marx, der einen durchaus anderen Standpunkt hatte, geteilt. 1845 wies er darauf hin, daß sich der bürgerliche Charakter der Revolution nach und nach enthüllt habe, und nachdem er zwar festgestellt hatte, daß »Robespierre, St. Juste und ihre Partei untergingen, weil sie das antike, *realistisch-demokratische Gemeinwesen*, welches auf der Grundlage des *wirklichen Sklaventums* ruhte, mit dem modernen *spiritualistisch-demokratischen Repräsentativstaat*, welcher auf dem *emanzipierten Sklaventum* der *bürgerlichen Gesellschaft*

polyte Taine, *Les Origines de la France contemporaine, Le Régime moderne*, Paris 1898, Bd. II, S. 219-220; nach Hans Barth, *Wahrheit und Ideologie*, Zürich 1961, S. 27. Bei anderen Gelegenheiten sagte er es kürzer, beispielsweise: »Die Kanone tötete den Feudalismus. Die Tinte wird die moderne Gesellschaft töten.« Napoleon, *Pensées*, Paris 1913, S. 43.

beruh, verwechselten« – machte er ironische Bemerkungen über sie.[6]

Auch wenn sie politische Phantasten waren, so hatten die Ideologen gleichwohl noch eine andere und handfestere Bedeutung: sie waren die Vorläufer des Positivismus. Unter ihrer Führung wurde das Institut zu einem Zentrum der experimentellen Forschungen. Während Destutt de Tracy sich der Ideengeschichte zuwandte, bahnte Cabanis der Experimentalpsychologie den Weg, stellte Pinel die Behandlung der Geisteskrankheit auf eine neue Grundlage und interpretierte Dupuis (in seinem *Origine de tous les cultes*) die Naturgeschichte der Religion unter empirischen Gesichtspunkten; andere übertrugen die neue Betrachtungsweise auf die Geschichte der Literatur und der Kunst. Dieser Aufbruch war das Gegenstück zu den bekannten und vielleicht noch einschneidenderen Unternehmungen von Lagrange, Laplace, Monge, Berthollet, Cuvier, Saint-Hilaire und Lamarck in den Naturwissenschaften, durch die die von Frankreich ausgehenden Impulse in diesem Bereich zwischen 1790 und 1830 einen Höhepunkt erreichten, wie seitdem nie mehr. Als Comte um das Jahr 1830 (unter Heranziehung dessen, was er von dem weitaus originelleren Saint-Simon gelernt hatte) die neue Weltauffassung zusammenfügte, verwertete er die Arbeit einer Generation von Gelehrten, die bereits die überkommene

---

6 *Die Heilige Familie,* in: Karl Marx, *Werke,* herausgegeben von Hans-Joachim Lieber und Peter Furth, Stuttgart 1962, Bd. 1, S. 815 ff. »Was am 18. Brumaire die Beute Napoleons wurde, war nicht, [. . .] die revolutionäre Bewegung überhaupt, es war die *liberale Bourgoisie.* [. . .] *Napoleon* war der letzte Kampf des *revolutionären Terrorismus* gegen die gleichfalls durch die Revolution proklamierte *bürgerliche Gesellschaft* und deren Politik. [. . .] Wenn er den Liberalismus der bürgerlichen Gesellschaft – den politischen Idealismus ihrer alltäglichen Praxis – despotisch unterdrückte, so schonte er nicht mehr ihre wesentlichsten *materiellen* Interessen, [. . .], so oft sie mit seinen politischen Interessen in Konflikt gerieten. Seine Verachtung der industriellen hommes d'affaires war die Ergänzung zu seiner Verachtung der *Ideologen.*« (Ebd., S. 817 ff.).

Sicht des 18. Jahrhunderts durch die Einführung der historischen Betrachtungsweise verändert hatten. Während die Ideologen die rationalistische Tradition fortsetzten, begannen sie, diese Tradition zu modifizieren, obwohl sie – anders als die deutschen Romantiker – deren Grundprinzipien nicht aufgaben.[7]

Der Doppelcharakter der liberalen »Ideologie« als ein System normativer Ideen und als einsetzende Kritik gerade an der Vorstellung absoluter Normen tritt bereits in dem Werk Destutt de Tracys hervor, von dem die Schule ihren Namen ableitete. Seine *Eléments d' Idéologie* (1801-1815) wollen eine »Science des idées« sein, für die er sich auf die Autorität von Locke und Condillac beruft.[8] Ihnen wird das Verdienst zugeschrieben, die »Naturgeschichte der Ideen«, d. h. die wissenschaftliche Beschreibung des menschlichen Geistes, eröffnet zu haben, obwohl Condillac seinen Naturalismus dadurch eingeschränkt hatte, daß er die traditionelle religiöse Betonung der substantiellen Realität der menschlichen Seele und der Einzigartigkeit des Menschen im Vergleich zum Tier beibehielt.[9]

Für Destutt, der dem Lockeschen Sensualismus Condillacs den Materialismus Cabanis' aufsetzte, ist die Wissenschaft der »Ideologie« ein Teil der Zoologie. Die menschliche Psyche ist unter biologischem Gesichtspunkt zu analysieren, d. h. ohne auf die Religion Rücksicht zu nehmen. Moralische Probleme werden in die Metaphysik verwiesen, die als ein Reich illusionärer Einbildungen bezeichnet wird, »dazu bestimmt, uns zu befriedigen, und nicht, uns zu belehren«.[10] Die Grundlage aller Wissenschaften ist vielmehr zu sehen in einer »Science

---

7 Lefebvre, a.a.O., S. 578, zählt Madame de Staëls *La littérature considerée dans ses rapports avec les institutions sociales* (1800) zu den bemerkenswerten Hervorbringungen der Schule.

8 A. Destutt de Tracy, *Eléments d'Idéologie*, 2. Aufl., Brüssel 1826, Bd. 1, S. 3; vgl. Barth, a.a.O., S. 13 ff.

9 Condillac, *Oeuvres complètes*, Paris 1798, Bd. 3, Seite 592.

10 Destutt de Tracy, a.a.O., S. XIV.

des idées«, welche die Naturgeschichte des Geistes, also die Art und Weise darstellt, in der unsere Gedanken sich bilden. Hinter den Individuen und ihren verschiedenen »Ideen« (Empfindungen und Vorstellungen) gibt es keine »übersinnliche« Wirklichkeit. »Man kann lediglich sagen, daß es in Wirklichkeit nur Individuen gibt und daß unsere Ideen keineswegs außer uns existierende, reale Wesen sind, sondern reine Schöpfungen unseres Geistes, durch die unsere Vorstellungen von den Individuen geordnet werden.«[11]

Dieser »materialistischen« Auffassung steht indes eine normative Zielsetzung gegenüber: Die »Wissenschaft von den Ideen« soll die wahre Erkenntnis der menschlichen Natur und damit das Mittel schaffen, die allgemeinen Gesetze der Gesellschaftsformation zu bestimmen. Die Zurückführung individueller »Ideen« auf allgemein verbreitete Vorstellungen soll die gemeinsame Basis der menschlichen Bedürfnisse und Wünsche aufdecken und so den Gesetzgeber in die Lage versetzen, das allgemeine Wohl zu fördern. Was »natürlich« ist, ist auch »sozial«. Wenn die Natur des Menschen erst einmal richtig verstanden ist, wird die Gesellschaft schließlich imstande sein, sich harmonisch zu ordnen. Die Vernunft ist der Garant von Ordnung und Freiheit.[12]

Das Ziel Destutts ist, wie das Condorcets, ein pädagogisches: es sollen die leitenden Prinzipien des republikanischen Staatswesens ermittelt werden. Die Theorie hat ein praktisches, ein normatives Ziel. Wenn die Befreiung des menschlichen Geistes von Ignoranz und Aberglaube angestrebt wird, so nicht um ihrer selbst willen, sondern weil nur ein vom Irrtum befreiter Geist jene universalen Gesetze erkennen kann, die zei-

---

11 Ebd., S. 301.
12 »Wirkt die Vervollkommnung der Gesetze, der öffentlichen Institutionen infolge der Fortschritte der Wissenschaften nicht darauf hin, das gemeinsame Interese jedes einzelnen Menschen dem gemeinsamen Interesse aller anzunähern und es ihm gleichzusetzen?« Condorcet, *Tableau historique*, Paris 1822, S. 292.

gen, »daß die Natur durch eine unauflösliche Kette die Wahrheit, das Glück und die Tugend aneinanderbindet«.[13]

Trotz ihrer naturalistischen Ansätze bewahrt die »Science des idées« das Pathos der Aufklärung. Die Vernunft enthüllt fortschreitend ein »wahres Bild der Menschheit«, das die Grundlage der öffentlichen Tugend darstellt. Die Sittlichkeit ist in der Natur verankert. Die beste Gesellschaftsordnung ist die, welche den ständigen Bedürfnissen des Menschen entspricht. Diese Auffassung hat in Bacon und Descartes ihre Vorläufer. Schon für Condillac, der den Ideologen und der Revolution voraufging, war es offensichtlich gewesen, daß Bacons Kritik der »Idole« Ausgangspunkt sein müsse für jene Erneuerung des Bewußtseins, die das hauptsächliche Ziel der Aufklärung war.[14] Bacons *idolum* wird bei Condillac zum *préjugé,* der auch für die Schriften von Holbach und Helvétius ein Schlüsselbegriff ist. Die »Idole« sind »Vorurteile«, die der »Vernunft« zuwiderlaufen. Beseitigt man sie durch den unerbittlichen Gebrauch der kritischen Vernunft, dann stellt man das »vorurteilslose« Verständnis der Natur wieder her. Holbach schreibt: »Der Mensch ist nur darum unglücklich, weil er die Natur verkennt. [...] Die von der Erfahrung geleitete Vernunft muß endlich die Vorurteile, denen das Menschengeschlecht so lange verfallen ist, an der Wurzel packen. [...] Es gibt nur eine Wahrheit; sie ist für den Menschen notwendig. [...] Dem Irrtum verdanken wir die drückenden Ketten, die die Despoten und die Priester überall den Völkern schmieden.«[15] Helvétius (den sowohl Marx als auch

13 Ebd., S. 10.
14 »Niemand hat besser als Bacon die Ursache unserer Irrtümer erkannt, denn er hat gesehen, daß die Ideen, die das Werk des Geistes sind, falsch gebildet worden waren, und daß es daher, wollte man in der Erforschung der Wahrheit fortschreiten, notwendig war, sie umzubilden.« Condillac, *Essai sur l'origine des connaissances humaines,* (Oeuvres, Band 1, Seite 507); vgl. den Artikel über Bacon in der *Encyclopédie,* III, und den *Discours préliminaire* von d'Alembert.
15 Paul Thiry d'Holbach, *System der Natur,* Berlin 1960, S. 5 ff.

Nietzsche schätzten) entwickelte diesen Gedanken in Richtung einer rudimentären Wissenssoziologie: »Unsere Ideen sind die notwendigen Konsequenzen der Gesellschaften, in denen wir leben.«[16] Die Skepsis wird in Schranken gehalten durch die von Descartes überkommene rationalistische Überzeugung, daß die Vernunft ihre eigenen Irrtümer zu korrigieren vermag.[17]

Für Helvétius sind die Idole *(préjugés)* das notwendige Resultat des sozialen Drucks und des egoistischen Interesses; aber er geht davon aus, daß sie durch die Vernunft erschüttert und durch die Erziehung beseitigt werden können. »Die Erziehung vermag alles.«[18] Dem volkstümlichen Aberglauben wird durch Erziehung im nationalen Maßstab abgeholfen. An diesem Punkt setzte Marx später mit seiner Kritik der Aufklärung ein.[19]

Es ist Helvétius in der Tat nie gelungen, das Verhältnis von »Interesse« und »Erziehung« zu klären. Nietzsche vorwegnehmend behauptete er zynisch, der einzige Antrieb des menschlichen Handelns sei die Eigenliebe und der Wille zur Macht: »Jeder will befehlen, weil jeder sein eigenes Glück vermehren möchte. [...] Die Liebe zur Macht, die in der Lie-

---

16 Hélvétius, *De l'Esprit*, 1758, S. 114; zitiert nach Barth, a.a.O., S. 53. Zu Rousseaus Anteil an der Entwicklung dieser Einstellung vgl. Iring Fetscher, *Rousseaus politische Philosophie*, Neuwied 1960, passim.

17 »Der gesunde Verstand ist das, was in der Welt am besten verteilt ist. [...] Mithin [kommt] die Verschiedenheit der Meinungen nicht davon [...], daß der eine mehr Verstand als der andere hat, sondern daß wir mit unseren Gedanken verschiedene Wege verfolgen.« *Abhandlung über die Methode*, in: *René Descartes' philosophische Werke*, Leipzig 1870, Bd. 1, S. 20.

18 Helvétius, *Vom Menschen*, Frankfurt 1970, S. 446.

19 »Die materialistische Lehre von der Veränderung der Umstände und der Erziehung vergißt, daß die Umstände von den Menschen verändert und der Erzieher selbst erzogen werden muß. Sie muß daher die Gesellschaft in zwei Teile – von denen der eine über ihn erhaben ist – sondieren.« *Thesen über Feuerbach*, in: Karl Marx, *Der historische Materialismus*, Leipzig 1932, Bd. 2, S. 3-4.

be zum Glück begründet ist, macht den gemeinsamen Gegenstand aller unserer Wünsche aus. [...] Alle künstlichen Leidenschaften in uns [ist] nur die Liebe zur Macht, die sich unter verschiedenen Namen verbirgt«[20] – eine Äußerung, die Nietzsche, als er auf sie stieß, sehr erfreute.[21]

Die Verwirrung, in die Helvétius geriet, war einem »Materialismus« inhärent, der die Seele als passiven Empfänger von Sinneseindrücken interpretierte. Zugleich behielt er aber genug von der rationalistischen Hoffnung, um die Zuversicht zu behalten, daß die »Vorurteile« sich als solche würden nachweisen lassen und daß die Interessenpsychologie einem objektiven Verständnis der realen Bedürfnisse der Gesellschaft untergeordnet werden könnte. Die »justesse de l' esprit« zeigt sich in der Entdeckung allgemeiner Gesetze, deren Wahrheit beweisbar ist. Deren Anwendung auf das gesellschaftliche Leben ist ein politisches Problem, das heißt: ein Machtproblem. Die Philosophie und die Politik beruhen beide auf der Erziehung, die überkommene (hauptsächlich religiöse) Vorurteile überwindet und durch die Einsicht in die wahre Natur des Menschen und seiner Umwelt ersetzt. Den Platz der Religion nimmt eine weltliche Moral ein, die ihrem Wesen nach sozial ist, weil der Mensch ein soziales Wesen ist.

Im großen und ganzen – berücksichtigt man auch die Auseinandersetzungen zwischen Deisten, Materialisten und Agnostikern – war das die Anschauung, welche die »Ideologen« des Instituts von ihren vorrevolutionären Ahnen übernahmen und die schließlich zur offiziellen Doktrin der französischen Demokratie und, tatsächlich, der französischen Republik wurde. Worauf es hier ankommt, ist die Tatsache, daß trotz des dieser Überzeugung innewohnenden Skeptizismus gegenüber allgemein verbreiteten Auffassungen die Kraft des rationalen Denkens nicht ernstlich in Frage gestellt wurde. Der

20 Helvétius, a.a.O., S. 199.
21 Vgl. Barth, a.a.O., S. 250.

Positivismus Comtes wurzelte fast hundert Jahre später ungeachtet seiner autoritären Züge noch immer in der gleichen Zuversicht. Seine selbstgefällige Gewißheit, die »positive Philosophie« repräsentiere den »wahrhaften Endzustand der menschlichen Intelligenz«[22], mag heute angesichts der geringfügigen Zahl von Entdeckungen, die der neuen Methode zuzuschreiben sind, belustigend wirken; durch sein pseudoreligiöses Geschwätz klingt aber unüberhörbar das rationalistische Pathos hindurch. Gegenüber der älteren Generation liegt die Veränderung darin, daß der sozialen Ordnung eine hierarchische Struktur aufgepreßt wird von einem Theoretiker, bei dem der großzügige Optimismus der Aufklärung zur ängstlichen Besorgnis um die soziale Stabilität verkümmert war.[23]

Für Comte läuft die »Entwicklung des menschlichen Geistes« auf die Erkenntnis hinaus, daß alle historischen Erscheinungen »unveränderlichen Naturgesetzen« unterworfen sind[24]; dennoch nährt dieser entmutigende Gedanke den Glauben der Vernunft an sich selbst. Um die spätere Formulierung von Engels vorwegzunehmen, die selbst ein Amalgam von Comteschem und Hegelschem Determinismus ist, beruht die Freiheit auf der Einsicht in die Notwendigkeit. Es ist die Wissenschaft, die uns instand setzt, diese Gegensätze miteinander zu verbinden. Die Auffassung, daß das Studium der Gesellschaft zur Entdeckung universeller rationaler Prinzipien führt, wird durch den Dogmatismus Comtes nicht erschüttert.

---

22 *Cours de philosophie positive,* hrsg. v. Charles Le Verrier, Paris (Garnier), Bd. I, S. 23.
23 Vgl. zu diesem Aspekt Comtes Herbert Marcuse, *Vernunft und Revolution,* Neuwied 1962, S. 298 ff.
24 Comte, a.a.O., S. 26.

Auch wenn Comte in manchen Punkten Marx (oder zumindest die Version des Marxismus, die später von Engels und seinen Nachfolgern kanonisiert wurde) vorwegnimmt, kann seine Kritik an den »Ideologen« nicht als Vorläufer des Marxschen Angriffs auf die »deutsche Ideologie« betrachtet werden, die sich ganz unabhängig von der französischen Variante entfaltet hatte. Die beiden Entwicklungslinien dürfen nicht deshalb durcheinandergebracht werden, weil Marx annahm, Feuerbach und die Jung-Hegelianer seien die legitimen Erben der *idéologues* (daher der Titel seines umfangreichen Traktats, der vollständig erst 1932 veröffentlicht wurde).[25]

Die offiziell sanktionierte »Deutsche Ideologie« der 1840er Jahre war entstanden als eine Reaktion auf Theorie und Praxis der Französischen Revolution. Ihr Urheber war Hegel, der vom Jakobinismus seiner Jugendzeit[26] allmählich zu einer an Burke erinnernden Verehrung der Kontinuität gelangt war, ohne jemals sein Vertrauen in die allgemeine Vernunft und die Herrschaft des Gesetzes gänzlich einzubüßen.[27] Seine radikalen Kritiker behielten den von ihm eingeführten historischen Ansatz bei und stellten zugleich den moralischen Rigorismus, den er aufgegeben hatte, wieder her. Ihre Zielscheibe war die konservative, »christlich-deutsche« Ideologie,

25 Vgl. zum folgenden *Die deutsche Ideologie: Kritik der neuesten deutschen Philosophie in ihren Repräsentanten, Feuerbach, B. Bauer und Stirner, und des deutschen Sozialismus in seinen verschiedenen Propheten*, Marx-Engels-Gesamtausgabe (im folgenden *MEGA*, Band V, 1932.

26 Vgl. *Briefe von und an Hegel*, Leipzig 1887; *Hegels Theologische Jugendschriften*, Tübingen 1907, passim.

27 »Es gehört der Bildung, dem *Denken* als Bewußtsein des Einzelnen in Form der Allgemeinheit, daß Ich als *allgemeine* Person aufgefaßt werde, worin *Alle* identisch sind. Der *Mensch gilt so, weil er Mensch ist*, nicht weil er Jude, Katholik, Protestant, Deutscher, Italiener usf. ist. Dies Bewußtsein, dem der *Gedanke* gilt, ist von unendlicher Wichtigkeit . . .« G. W. F. Hegel, *Grundlagen der Philosophie des Rechts*, herausgegeben von J. Hoffmeister, Hamburg 1955, S. 180, § 209.

die unter dem damaligen Regime vor 1848 mit einer quasi offiziellen Funktion ausgestattet war. Indem sie diese angriffen, mußten Feuerbach, Bruno Bauer und die Linkshegelianer insgesamt unvermeidlich auf die letzte Quelle ihrer eigenen Hoffnungen zurückgreifen – die französische Aufklärung und deren naturalistische Kritik an Theologie und Metaphysik.[28] Wenige Jahre später sollte Marx behaupten, ihre Kritik der offiziellen Ideologie sei ihrerseits ideologisch. Was er mit diesem Vorwurf genau meinte, läßt sich nur im Lichte der damals herrschenden philosophischen Situation verstehen.

Die Auffassung, daß allgemeine Begriffe, auch wenn sie von Individuen gedacht werden, von universeller Geltung sind, ist allen Denkern gemeinsam, die als Rationalisten bezeichnet werden können. Hegel behielt sie bei, obwohl er durch den Ausgang der Französischen Revolution, in der er ursprünglich das praktische Wirken der Vernunft gesehen hatte, desillusioniert wurde. Die Philosophie Kants hatte bereits den Kartesianischen Rationalismus und den Lockeschen Empirismus zu einem Verfahren verknüpft, das den Primat des Geistes gegenüber der Materie wiederherstellte; Allgemeinbegriffe sollten, auch wenn sie auf der Erfahrung beruhten, insofern von der Erfahrung unabhängig sein, als sie die Sinnesdaten zu einem intelligiblen Ganzen organisierten. Daß dem Chaos der Sinneseindrücke eine Ordnung aufgezwungen wurde, war das Werk des Geistes, der im Besitz der wahren und universellen Formen des Verstandes war, der Kategorien. Die Abhängigkeit des individuellen Bewußtseins von dem Material, das ihm die Sinne boten – Lieblingsthema des Empirismus von Locke bis Hume –, wurde zwar nicht bestritten, aber als ein für die Vernunft vordergründiger Tatbestand betrachtet.

28 Vgl. Bruno Bauer, *Das entdeckte Christentum. Eine Erinnerung an das achtzehnte Jahrhundert und ein Beitrag zur Kritik des neunzehnten,* 1843. Zu dem Einfluß Holbachs, Helvétius' und der *Science des idées* auf Feuerbach, Bauer und Marx vgl. Barth, a.a.O., S. 61 ff.

Die für das Individuum »gegebene« Erfahrung ist nicht eine Ansammlung roher »Fakten«, sondern ein geordnetes Ganzes. Indem er diese Kantsche Betrachtungsweise vom Reich der Natur auf die Geschichte übertrug, sprach Hegel das leitende Prinzip der idealistischen Auffassung aus: Die Materie wird durch den Geist organisiert. Die Erfahrung, das Schibboleth der britischen Schule, hörte auf, eine letzte Gegebenheit zu sein. Zur universalen Erkenntnis gelangte man durch das Begreifen der Prinzipien, welche die vernünftige Welt zusammenhielten.

Vom Standpunkt Hegels aus gesehen war Kant halbwegs zwischen dem Empirismus und einem wahren Universalismus stehen geblieben. Dieser setzte die Annahme voraus, daß das Bewußtsein eine vom Subjekt unabhängige Welt anerkennt, während die Kantschen Kategorien lediglich die für jedes Subjekt notwendigen Formen möglicher Erfahrung waren; sie konstituierten eine Erscheinungswelt, die für jegliche Erfahrung ein- und dieselbe ist, doch tat Kant nie den entscheidenden Schritt, zuzugeben, daß die Welt für jegliche Erfahrung nur dann die gleiche sein kann, wenn jedes endliche Bewußtsein die Differenzierung eines umfassenden Bewußtseins ist: d. h., er faßte den Geist nicht als eine »konkrete Allgemeinheit«. Hat Kant folglich »keine Naturphilosophie, [sondern] nur eine Philosophie der Naturwissenschaft«[29], so hat Hegel dagegen genau deshalb eine Geschichtsphilosophie, weil für ihn die Vernunft zugleich allgemein und partikular ist: eine konkrete Allgemeinheit, die sich zum einzelnen denkenden Bewußtsein differenziert. Nach dieser Auffassung besteht das Problem für den einzelnen Denker darin, die Bewegung der Vernunft zu erfassen, von der sein eigenes Denken ein Reflex ist. Was sich im philosophischen Denken manifestiert, ist die Geschichte des Geistes, der zwar durch seine Verkörperung in der Materie verhüllt, aber doch als An-

29 G. R. G. Mure, *An Introduction to Hegel,* Oxford 1940, S. 105.

triebskraft des universalen Prozesses immer noch deutlich erkennbar ist. Als der Materialismus diese Philosophie »vom Kopf auf die Füße stellt«, führt sie zu der Überzeugung, die Logik der Geschichte lasse sich dadurch entziffern, daß man die Fähigkeit des Menschen begreift, seine eigene Welt »hervorzubringen«. Hinter den überlieferten Tatsachen liegt die Totalität der Geschichte, die von den Menschen gemacht wurde und daher auch von ihnen vestanden werden kann. Es verdient hervorgehoben zu werden, daß hier eine Kontinuität besteht, die oft verdrängt wurde durch die Betonung der von Feuerbach und Marx vollzogenen naturalistischen Umkehrung. Feuerbach erkannte zwar in Hegels Terminologie die hinter ihr stehende Theologie des Geistes, doch bedeutete seine Rückwendung zum Naturalismus der französischen Aufklärung nicht die Übernahme der empiristischen Denkweise. Wie für Marx die Geschichte, so ist für Feuerbach die Natur das Allgemeine. Das soll nicht heißen, daß einer der beiden der Hegelschen Bestimmung logischer Begriffe unkritisch gegenübergestanden hätte (es blieb Marx' weniger intelligenten Nachfolgern überlassen, die Geschichte zu einer selbständigen Entität zu personifizieren – ein Mißverständnis, gegen das es im voraus protestiert hatte.[30]

Es geht uns hier um den Ideologiebegriff und nicht um den Wahrheitsgehalt der Hegelschen Philosophie. Es muß festgehalten werden, daß nach der Annahme Hegels das Problem der Überwindung der Partikularität des Denkens nicht unlösbar ist und daß aus der Tatsache, daß Philosophen – und natürlich auch alle anderen Leute – unter bestimmten Bedingungen geboren und erzogen werden, nicht folgt, daß sie sich über diese Bedingungen nicht erheben könnten. Der Mensch ist seiner Natur nach ein denkendes Wesen und als

---

30 »Die *Geschichte* wird daher, wie *die Wahrheit,* zu einer aparten Person, einem metaphysischen Subjekt, dessen bloße Träger die wirklichen menschlichen Individuen sind.« *Die Heilige Familie, Werke,* Stuttgart 1962, Bd. 1, S. 759.

ein solches in der Lage, die konkrete Allgemeinheit, welche die Geschichte ist, zu begreifen. Unsere historischen Begriffe besitzen eine wahre Allgemeinheit, weil sie sich auf ein allgemeines Medium beziehen, das sich in den Geschichten der einzelnen Völker und Zivilisationen entfaltet. Für Hegel ist dieses Medium der Geist, für Marx die menschliche Tätigkeit, die *Praxis* der Menschen in ihrem Kampf um die Unterwerfung der Natur und die Entwicklung ihrer eigenen schlummernden Möglichkeiten. In beiden Fällen ist das Entscheidende die bewußte Tätigkeit, obschon Marx auch gegen Hegel einwendet, daß der Geschichtsprozeß bei ihm dazu tendiere, zu einem unabhängigen Wesen über den ihn konstituierenden Individuen zu werden.[31]

Das Problem der Ideologie (im Sinne des »falschen« oder »unvollkommenen« Bewußtseins) entsteht für Hegel, weil nach seiner Auffassung Individuen und selbst ganze Nationen Werkzeuge der Geschichte, Vollstrecker eines Prozesses sind, dessen Bedeutung ihnen verborgen ist und der erst *post festum* in dem Philosophen zum Bewußtsein kommt, welcher den Sinn der Epoche zusammenfaßt.[32] Hegel war sich bewußt, daß die Geschichte durch die Interessen und Leidenschaften der Menschen in Gang gebracht wird. Er stellte die Rationalität der Geschichte nicht deshalb in Frage, weil die

31 »*Hegels* Geschichtsauffassung setzt einen *abstrakten* oder *absoluten Geist* voraus, der sich so entwickelt, daß die Menschheit nur eine *Masse* ist, die ihn unbewußter oder bewußter trägt. Innerhalb der *empirischen,* exoterischen Geschichte läßt er daher eine *spekulative,* esoterische Geschichte vorgehen. Die Geschichte der Menschheit verwandelt sich in die Geschichte des *abstrakten,* daher dem wirklichen Menschen *jenseitigen Geistes* der Menschheit. Parallel mit dieser Hegelschen Doktrin entwickelte sich in Frankreich die Lehre der *Doktrinäre,* welche die *Souveränität der Vernunft* im Gegensatz zur *Souveränität des Volkes* proklamierten.« Ebd., S. 766 f., vgl. *MEGA,* I/3, S. 257.

32 *Vorlesungen über die Philosophie der Geschichte,* herausgegeben von Lasson, Leipzig 1930, Bd. 1, S. 9 ff., 25 ff., 78 ff.; vgl. C. J. Friedrich, Ed., *The Philosophy of History,* New York 1956, Einleitung und passim; Marcuse, a.a.O., S. 200 ff.

Menschen sich gewöhnlich irrational verhalten: der Geschichtsprozeß hat seine eigene Logik, die nicht die der Individuen ist. Die »List der Vernunft«[33] ließ sich darin beobachten, wie die Idee (die Rationalität des Ganzen) sich auf Kosten ihrer eigenen Träger durchsetzt. Das Schicksal des Einzelnen geht in der Dialektik des Prozesses unter. Der junge Marx rebellierte gegen diese Anschauung, die ihm theologisch erschien; er mußte indes noch erleben, wie Engels (mit seiner stillschweigenden Billigung) sie wiederherstellte, auch wenn dieser Vorgang sich nur allmählich dadurch vollzog, daß die den Gang der Geschichte bestimmenden »allgemeinen Gesetze« in deterministischer Weise hervorgekehrt wurden – Gesetze, die anscheinend allgemein genug waren, um der Hegelschen »List der Vernunft« zu entsprechen, und wissenschaftlich genug, um für eine Generation akzeptabel zu sein, die im Positivismus groß geworden war.[34]

Das Problem war für Hegel gewesen, die »Wege Gottes zum Menschen« zu erklären. Daß man sie, zumindest rückblickend, begreifen könne, bezweifelte er nicht. Dieses Begreifen ist das Werk der Philosophie, die in jedem Zeitalter in Erscheinung tritt, wenn eine bestimmte Entwicklungsstufe des Geistes zum Abschluß gekommen ist. Die Philosophie verändert die Welt nicht; sie interpretiert sie und versöhnt dadurch die Welt mit sich selbst. Hegels eigene Philosophie sollte allerdings die Welt verändern, und sei es nur, weil sie, selbst in ihrer konservativsten Auslegung, die geoffenbarte Religion erschütterte.[35]

---

33 Ebd., Bd. 1, S. 83; vgl. *The Philosophy of History*, S. 33.
34 Engels, *Ludwig Feuerbach und der Ausgang der klassischen deutschen Philosophie*, passim. Vgl. Engels an Mehring, 14. Juli 1893: »Die Ideologie ist ein Prozeß, der zwar mit Bewußtsein vom sogenannten Denker vollzogen wird, aber mit einem falschen Bewußtsein. Die eigentlichen Triebkräfte, die ihn bewegen, bleiben ihm unbekannt; sonst wäre es eben kein ideologischer Prozeß.« Marx-Engels, *Werke*, Berlin 1962, Band 39, S. 97.
35 Barth, a.a.O., S. 67 ff.

Für Hegels Anhänger stellte sich die Sache etwas anders dar: Da die Philosophie die Erfüllung des spekulativen Denkens überhaupt war, bezeichnete ihr Erscheinen offensichtlich das Ende der europäischen Geschichte; (vgl. K. Löwith, *Von Hegel zu Nietzsche,* Stuttgart 1950, S. 44 ff.). Das mag durchaus auch Hegels eigene Auffassung gewesen sein.

Auf der anderen Seite erschien sein System – insbesondere seine Lehren über das Recht und den Staat – seinen radikalen Kritikern als die »Ideologie« des politischen Status quo, als dessen geistige Verlängerung und Rechtfertigung. Von hier aus war es nur ein Schritt zu der Vorstellung, die spekulative Philosophie an sich versperre den Weg zu jener Umgestaltung der Welt, die für eine Verwirklichung der Ziele der Philosophie: Freiheit und Vernünftigkeit, erforderlich war. Diesen Schritt vollzog Marx mit Hilfe Feuerbachs, der ihn gelehrt hatte, das spekulative Denken als die letzte Schranke für das Verstehen der Stellung des Menschen in der Welt zu betrachten. Der Marxsche Ideologiebegriff vereinigt also zwei verschiedene Prinzipien in sich: Hegels Einsicht in den Übergangscharakter der einander ablösenden Manifestationen des Geistes und Feuerbachs materialistische Umkehrung Hegels mit ihrem Akzent auf dem diesseitigen Charakter des natürlichen Daseins. Je für sich blieben diese Vorstellungen spekulativ; miteinander verknüpft ergaben sie eine explosive Mischung. Die explosive Wirkung besteht allerdings nicht in dem Skeptizismus, der sich aus der vermeintlichen Entdeckung ergibt, daß abstraktes Denken keinen Zugang zu allgemeinen Wahrheiten schafft. Die verzweiflungsvollen Schlußfolgerungen, die Kierkegaard aus dieser Überzeugung gezogen hat, sind nicht Bestandteil der geistigen Umwälzung, die der neuen Geschichtsphilosophie zugrunde liegt; sie gehören – zusammen mit den verwandten Schriften Nietzsches – zu jenem Angriff auf den Rationalismus, der in unserer Zeit die existentialistische Deutung des einsamen Individuums entstehen ließ. Gerade weil es ihnen um die Stellung des Individuums in der Welt geht, deren Funktionsweise so oder so als gegeben angenommen wird, können Nietzsche und Kierkegaard über die Wirkungsweise der Geschichte nichts sagen. Ihre Revolte gegen die rationalistische Metaphysik endet im Subjektivismus. Zu den ersten Allgemeinbegriffen, die diese einflußreichen Kritiker des Rationalismus über Bord warfen, gehörte der Begriff der Menschheit.[36]

Von Hegel zu Marx

Was Marx unter »Ideologie« verstand, geht hinlänglich aus seinen *Thesen über Feuerbach* hervor, in denen dieser getadelt wird, weil er seine Umkehrung des Hegelschen Systems nicht vollendet habe. Dort sagt Marx z. B.: »Feuerbach geht von dem Faktum der religiösen Selbstentfremdung, der Verdopplung der Welt in eine religiöse und eine weltliche aus.

---

36 Kierkegaard versuchte noch, logische Mängel in Hegels System zu entdecken. Bei Schopenhauers Schüler Nietzsche haben der Subjektivismus und Ästhetizismus bereits den Punkt erreicht, wo die Logik ganz bewußt beiseite geschoben wird. Nietzsches sogenannte Kritik am traditionellen Denken kann man nicht ernst nehmen. Wenn er sagt (*Jenseits von Gut und Böse*, in: *Werke*, herausgegeben von K. Schlechta, München 1960, Band 2, S. 571): »Allmählich hat sich mir herausgestellt, was jede große Philosophie bisher war: Nämlich das Selbstbekenntnis ihres Urhebers und eine Art ungewollter und unvermerkter *mémoires*«, dann ist er trivial in der Manier Voltaires, die auch als Karikatur den ganzen, allgemein überschätzten Essay kennzeichnet; vgl. auch seine ähnlich lautenden Bemerkungen über den »Erbfehler der Philosophen« (Ebd., Band 1, S. 448): »Alle Philosophen haben den gemeinsamen Fehler an sich, daß sie vom gegenwärtigen Menschen ausgehen und durch eine Analyse desselben ans Ziel zu kommen meinen. Unwillkürlich schwebt ihnen ›der Mensch‹ als eine *aeterna veritas*, [. . .] als ein sicheres Maß der Dinge vor. Alles, was der Philosoph über den Menschen aussagt, ist aber im Grunde nicht mehr als ein Zeugnis über den Menschen eines *sehr beschränkten* Zeitraumes. Mangel an historischem Sinn ist der Erbfehler aller Philosophen.« Daß man *nach Hegel* eine solche These ernstnehmen konnte, deutet auf eine Situation, die man wohl am besten als Zusammenbruch des ernsthaften Denkens bezeichnet.

Seine Arbeit besteht darin, die religiöse Welt in ihre weltliche Grundlage aufzulösen. Aber daß die weltliche Grundlage sich von sich selbst abhebt und sich ein selbständiges Reich in den Wolken fixiert, ist nur aus der Selbstzerrissenheit und dem Sichselbstwidersprechen dieser weltlichen Grundlage zu erklären.«[37]

Durch diese Radikalisierung des naturalistischen Ausgangspunktes Feuerbachs (der seinerseits eine in der Antike begonnene Tradition fortsetzt) wird der rationalistische Grundsatz, den Marx mit Hegel gemeinsam hat, nicht berührt – die Auffassung nämlich, daß der Erkenntnis allgemeine Wahrheiten zugänglich seien, die in der unmittelbaren Erfahrung nicht gegeben sind. Die Marxsche Auffassung der Weltgeschichte als eines Prozesses der menschlichen Selbstentfremdung geht zurück auf Feuerbachs leidenschaftlichen Protest gegen die Aufopferung der Natur und der realen, lebendigen Menschen, deren Handeln und Leiden Hegel übergangen hatte. Marx behält jedoch die Hegelsche Überzeugung bei, daß letzten Endes »die Geschichte vernünftig ist«. Die Vernunft hat insofern ihr Recht, als der historische Prozeß verstehbar ist. In diesem Sinne ist Marx immer Hegelianer geblieben – trotz der Betonung der »wirklichen Geschichte der wirklichen Menschen«, die in seiner Polemik gegen seine ehemaligen Freunde einen hervorragenden Platz einnimmt.[38]

Marxens Auffasung der Ideologie als »falsches Bewußtsein« verweist wieder auf das Problem der Herstellung des wahren Bewußtseins, das die Menschen zum Begreifen ihrer eigenen Rolle befähigt. Bezüglich der Geschichte gibt es nur

37 Marx, *Der historische Materialismus*, Leipzig 1932, Band 2, S. 4.
38 *Deutsche Ideologie*, a.a.O., S. 28 ff. und passim. Marx hatte 1844-1845, damals in Paris lebend, teilweise Destutt de Tracys *Eléments d'Idéologie* exzerpiert, und an der Art, wie er den Ausdruck »Ideologie« verwendet, wird deutlich, daß ihm die Abwertung, die dieser Ausdruck mittlerweile erfahren hatte, durchaus bewußt war.

eine Wahrheit und nur ein Kriterium, um die Diskrepanz zu beurteilen zwischen dem, was die Menschen sind, und dem, was sie werden könnten; dieses Kriterium liefert die Philosophie, indem sie den Menschen als ein rationales Wesen begreift. Als die Norm der Wirklichkeit enthält die Philosophie also eine implizite Kritik dieser Wirklichkeit. Marx war jedoch ebenfalls der Ansicht, daß die Philosophie in ihrer Zeit jeweils der »ideologische Reflex« bestimmter gesellschaftlicher Bedingungen sei. Wie konnte sie dann aber als Quelle normativer Urteile fungieren, die über die bestehenden Tatsachen hinausweisen? Faßte man in der Art Fichtes und Hegels die menschliche Selbstentfremdung als ein bloßes Mißgeschick, das sich beheben ließ, indem man dem falschen ein wahres Bewußtsein entgegenstellte, dann trat dieses Problem nicht auf. Das war der Standpunkt Marxens 1843 gewesen, als er bereits ein Revolutionär, aber noch kein Materialist war.[39]
Es könnte so scheinen, als habe Marx wegen der materialistischen Voraussetzungen, die er bei seiner Hinwendung zum Sozialismus in den Jahren 1844-1845 mit aufnahm, zu einem radikalen Historizismus und Relativismus gelangen müssen. Das ist jedoch nicht der Fall, auch wenn die Sprache der *Heiligen Familie* und der *Deutschen Ideologie* (vom *Kommunistischen Manifest* ganz zu schweigen) diese Schlußfolgerung an manchen Stellen zu bestätigen scheint. Zwar übernahm er von seinen französischen Vorläufern die kritische Zerstörung der traditionellen Metaphysik, doch fuhr er andererseits fort,

39 Vgl. *Ein Briefwechsel von 1843*, in: Karl Marx, *Werke*, Stutgart 1962, Band 1, S. 449 ff.: »Die Reform des Bewußtseins besteht *nur* darin, daß man die Welt ihr Bewußtsein innewerden läßt, daß man sie aus dem Traume über sich selbst aufweckt, daß man ihre eigenen Aktionen ihr *erklärt*. Unser ganzer Zweck kann in nichts anderem bestehen, wie dies auch bei Feuerbachs Kritik der Religion der Fall ist, als daß die religiösen und politischen Fragen in die selbstbewußte menschliche Form gebracht werden. [...] Es wird sich dann zeigen, daß die Welt längst den Traum von einer Sache besitzt, von der sie nur das Bewußtsein besitzen muß, um sie wirklich zu besitzen.«

der Geschichte einen vernünftigen Inhalt zuzuschreiben. Diese Rationalität war eine verborgene und mußte in der Logik des »materiellen« Prozesses selbst und nicht in dem »ideologischen« Reflex gesucht werden, den jener in den Köpfen der Beteiligten hinterließ. Wie Hegel unterschied er zwischen Wirklichkeit und Schein. Die Wirklichkeit des geschichtlichen Prozesses war für Hegel der entfremdete Geist, der zu sich selbst kommt; für Marx war es die entfremdete menschliche Arbeit. Das, was er später (im *Kapital*) als »Warenfetischismus« beschrieben hat, erscheint in seinen Frühschriften als menschliche Selbstentfremdung, durch welche die Schöpfungen des Menschen eine von ihrem Schöpfer unabhängige, »verselbständigte« Gestalt annehmen.

In diesem Zusammenhang gewinnt der Marxsche Ideologiebegriff Kontur; er hat von Anfang an eine andere Bedeutung, als er sie für Marxens Vorläufer des 18. Jahrhunderts hatte. Die Interessenpsychologie wird ersetzt durch eine Theorie vom »menschlichen Wesen«, deren Umrisse Hegel in der *Phänomenologie des Geistes* entwickelt hatte. Was für Hegel entfremdete geistige Tätigkeit war, ist für Marx entfremdete gesellschaftliche Tätigkeit. Beide suchen die Unterscheidung zwischen Wirklichkeit und Schein dort, wo die *wirklichen* Prozesse sich in *scheinbar* feste und dauerhafte Formen verwandeln. Die Wirklichkeit ist ein Prozeß, während der Schein die Form isolierter Objekte hat. Aufgabe des kritischen Denkens ist es, die Beziehungen zu erfassen, durch die diese scheinbaren Objekte konstituiert werden.

Bei diesem Ansatz blieb die Frage ungelöst, wie der gesellschaftliche Inhalt der Ideologie mit dem rationalen Sinn des Prozesses zusammenhängt, der sich in dessen verschiedenen konkreten Formen äußert. Der historische Charakter der Marxschen Dialektik (und damit das Ideologieproblem im modernen Sinne) geht auf die Entdeckung zurück, daß es nicht, wie Feuerbach geglaubt hatte, einen einzigen, allgemein-menschlichen Standpunkt gibt, von dem aus die von der Geschichte erzwungenen Entfremdungen zu beurteilen wären; es gibt lediglich besondere menschliche Standpunkte, die den gesellschaftlichen Formen entsprechen, welche aus der Wechselwirkung zwischen den materiellen Bedingungen und den (mehr oder weniger) bewußten Versuchen resultieren, die »Produktivkräfte« zu organisieren. Die Dialektik von Sein und Bewußtsein entfaltet sich in der Geschichte – nicht, wie Hegel gemeint hatte, als ein Schattenspiel, das einen metaphysischen Prozeß widerspiegelt, sondern als das »wirkliche« Spiel. Die »Akteure« sind Individuen und Gruppen, deren sich wandelnde Umstände sich in unterschiedlichen Denkweisen niederschlagen, die insofern »ideologisch« sind, als die Beteiligten die Situation, in welche sie verwickelt sind, nicht durchschauen können. Offenbar kann nicht einmal die sorgfältigste Klärung ihrer tatsächlichen geschichtlichen Stellung sie befähigen, die Partikularität ihres Standpunktes zu transzendieren, da diese unauflöslich mit den jeweils konkreten, zeitlichen und örtlichen Bedürfnissen zusammenhängt. Der einzige Unterschied zwischen dem »objektiven« und dem »ideologischen« Denken scheint darin zu bestehen, daß der kritische Geist fähig ist, die spezifischen Bestimmungen zu erfassen, von denen die aufeinander folgenden Phasen der menschlichen Tätigkeit abhängen. Der Grundsatz, daß das »gesellschaftliche Sein« der Menschen »ihr Bewußtsein bestimmt«[40], scheint zu implizieren, daß jede (wie auch immer definierte) Gesellschaftsformation ihre eigentümlichen Bewußtseinsformen hat. Doch behauptet Marx auch, daß »die Menschheit sich immer nur Aufgaben stellt, die sie lösen kann«[41], und gibt damit im Rahmen einer Theorie, die den »vorwissenschaftlichen« Standpunkt überwinden soll, einen Hinweis auf den Gesamtprozeß. Wie empirisch und unmeta-

40 Marx, *Zur Kritik der politischen Ökonomie*, Vorwort, in: Marx-Engels, *Werke,* Berlin 1961, Band 13, Seite 9.
41 Ebd.

physisch seine Absichten auch sein mögen, wenn er von der »Menschheit« spricht, macht er eine Aussage über die Totalität der Geschichte. Zwischen soziologischen Feststellungen, die sich auf bestimmte Situationen beziehen, und philosophischen Verallgemeinerungen, die der Geschichte insgesamt gelten, wird bei Marx nicht klar geschieden. Wie können wir diesem Dilemma begegnen?

Das Prinzip, daß das gesellschaftliche Sein das Bewußtsein bestimmt, muß seinerseits historisch verstanden werden; es bezieht sich auf einen Sachverhalt, der die Geschichte von Anfang an gekennzeichnet hat, der aber verschwinden muß, sobald eine rationale Ordnung geschaffen worden ist. Die Verwirklichung einer solchen Ordnung impliziert nämlich die bewußte Leitung des gesellschaftlichen Lebens und damit die Emanzipation des Bewußtseins von der blinden, unbegriffenen Notwendigkeit. Das Bewußtsein ist ideologisch, weil es ohnmächtig ist. Wenn es zum bestimmenden Faktor wird, wirft es zusammen mit seiner Abhängigkeit von den materiellen Bedingungen seine Scheuklappen ab. *Rational ist eine Ordnung, in der das Denken das Sein bestimmt.* Die Menschen werden frei sein, sobald sie imstande sind, ihre eigenen Bedingungen zu *produzieren.* Der historische Materialismus ist nur so lange gültig, bis er seine eigene dialektische Negation hervorgebracht hat. Ist dieser Zustand einmal erreicht, dann ist es nicht mehr möglich, von historischen »Gesetzen« zu sprechen, denn die Geschichte ist nur insofern »Gesetzen« unterworfen, als sie unbewußt ist, insofern sie also eigentlich *gar keine* menschliche Geschichte ist. Das reife Bewußtsein, das rückblickend die Notwendigkeit des langwierigen Prozesses der »Vorgeschichte« begreift, wird kein ideologisches sein: Alle Menschen werden dieses Bewußtsein haben, und die Menschheit wird ihre eigene Geschichte begriffen haben.

Marx bewahrte das ursprüngliche Motiv seines Denkens (und die Geschichtsauffassung, die er von Hegel übernommen hatte), indem er sich weigerte, das Dilemma anzuerkennen, welches in dem Prinzip steckt, daß die Denkweisen als »Ausdrükke« wandelbarer gesellschaftlicher Bedingungen zu verstehen seien. Er nahm als selbstverständlich an, daß das Bewußtsein, auch wenn es durch das Sein bedingt ist, sich darüber erheben und zu einem Mittel werden könne, die Entfremdung zu überwinden, die den Geschichtsprozeß in Gang setzt. Obgleich jede geschichtliche Stufe ihre eigenen *Illusionen* hervorbringt, so ist doch die *Wahrheit* über den Menschen auf allen Stufen ein und dieselbe. Diese Wahrheit ist auch das Kriterium für die praktische Tätigkeit, welche die Entfremdung des Menschen von seinem »wahren« Wesen zu überwinden sucht. Der Begriff der Ideologie beleuchtet den historischen Umstand, daß die Menschen nicht im Besitz des wahren Bewußtseins sind, das ihnen ermöglichen würde, die Welt in ihrer Totalität und ihre eigene Stellung in ihr zu verstehen. Marx betrachtete seine Theorie als einen Schritt zur Verwirklichung eines solchen Bewußtseins. Die eine Menschheit und die universelle Wahrheit waren für ihn so real wie für Hegel; seinen Schülern blieb es überlassen, die Kohärenz seines Denkens zu zerstören, indem sie dessen unausgesprochene Voraussetzungen aufgaben und seine Theorie in eine Version des Positivismus verwandelten.

Von der Metaphysik zum Positivismus

Die zweite Hälfte des 19. Jahrhunderts sah die Auflösung der rationalistischen Metaphysik und den Aufstieg des Positivismus, der sich aus einer besonderen französischen Schulrichtung zur allgemeinen Methode der Natur- und Sozialwissenschaften wandelte. Die Soziologie entwickelte sich in dieser Atmosphäre als die Anwendung positivistischer Prinzipien, die ihrerseits in der Anschauung der Aufklärung des 18. Jahrhunderts verwurzelt waren, auf die Erforschung der Institutionen. Comtes *philosophie positive* ließ teilweise noch die Beziehung ihres Begründers zur frühsozialistischen Gesellschaftskritik erkennen.[42]

Dieser Widerspruch zur Gesellschaft verwandelte sich bei Herbert Spencer in sein Gegenteil, doch brach das ursprüngliche Motiv erneut bei Spencers rebellierenden ehemaligen Schülern durch, die mit dem Fabianismus eine Mischung von Benthamschen Utilitarismus und Sozialismus entwickelten.[43]

Nach einem längeren Zwischenspiel des liberalen Individualismus kehrte die britische Soziologie mit den Fabiern tatsächlich wieder zu ihren positivistischen und beinahe sozialistischen Ursprüngen zurück. Eine parallele Entwicklung in Frankreich verbindet sich mit dem Namen Durkheims. In beiden Fällen ließ die »objektive« Erforschung der gesellschaftlichen Institutionen nach und nach den individualistischen Bezugsrahmen hinter sich. Wenn Comte (der seine grundlegenden Vorstellungen von Saint-Simon bezogen hatte) den Sozialismus in Soziologie verwandelte, so kehrten seine französischen und britischen Schüler zu der von ihm verschmähten »Ideologie« zurück. Sie entdeckten dann Schritt für Schritt, daß die »Gesetze« der Geschichte Raum ließen für bewußtes Handeln, das, sollte es wirksam sein, sich auf das Studium der Institutionen stützen mußte. Die »Menschheitsreligion«, die für sie zunehmend den Platz der offiziellen Religion einnahm, erforderte aktive Teilnahme. Ein solcher Aktivismus stand nicht im Widerspruch zum wissenschaftlichen Credo, denn man war der Auffassung, daß die wachsende Komplexität der Gesellschaft ein öffentliches Eingreifen ver-

---

42 D. G. Charlton, *Positivist Thought in France During the Second Empire, 1852-1870*, Oxford 1959, passim.

43 Vgl. Beatrice Webb, *My Apprenticeship*, London und New York 1926, S. 112 ff., 123 ff. In den letzten Jahren hat die Untersuchung der Frühzeit der »Fabians« weitgehend geklärt, wie der von Comte ausgehende Impuls über J. St. Mill und die Erzählungen George Eliots diese spätviktorianischen Intellektuellen erreichte.

langte. Gerechtfertigt war ein solches Handeln schließlich nicht nur aus humanitären Gründen – krasse Armut und Elend lieferten freilich ein hinreichendes Motiv –, sondern als eine rationale Pflicht.

Comtes Positivismus warf in der Tat die Frage der »Werturteile« auf, denn die Wissenschaft beschrieb lediglich die Tatsachen und überließ es dem Einzelnen, sie nach Maßgabe seiner moralischen Wertmaßstäbe zu beurteilen. Gerade weil »Werturteile« aus der Wissenschaft verbannt waren, waren sie frei. Comtes moralische Neutralität ließ freie Bahn für ein Handeln, das geleitet war von dem Wunsch nach Verbesserung einer sozialen Ordnung, die nach den Maßstäben der überkommenen (weltlichen oder religiösen) Moral unvollkommen war. Ja, sie enthielt sogar ein normatives Element – in der Vorstellung einer universellen Ordnung, welche die nationalen Differenzen überwindet. So deterministisch seine Evolutionslehre im Hinblick auf die Vergangenheit (oder die Zukunft) auch sein mochte, so ließ sie doch Raum für einen humanitären Impuls, der sich in eine Kritik der bestehenden Ordnung verwandelte, wenn er auf konkrete soziale Probleme wie Armut und Arbeitslosigkeit stieß. Die Verbindung des evolutionären britischen Sozialismus mit der empirischen Soziologie wurde dadurch möglich, daß beide von der Überzeugung ausgingen, die Gesellschaft werde durch die Erforschung »objektiver Tatsachen« in die Lage versetzt, die in der bestehenden Ordnung vorhandenen latenten Irrationalitäten zu überwinden. Das Problem der »Ideologie« wurde als solches nicht wahrgenommen, weil man als selbstverständlich ansah, daß alle vernünftigen Menschen im Grundsätzlichen übereinstimmten. Entsprechend wurde das Phänomen der sozialen Klassen nicht als ein theoretisches Problem erkannt, sondern eher als ein praktisches Hindernis auf dem Weg zu einem moralischen Konsensus verstanden. Klassen waren deshalb nicht wünschenswert, weil sie eine Entwicklung behinderten, welche die individuellen Werte wirklich »verallgemeinern« konnten. Die Arbeiterklasse besaß in dieser Hinsicht keinen Vorzug, denn auch sie hatte nur eine beschränkte Perspektive, die abgelöst werden mußte. Solange die Gesellschaft in entweder antagonistische oder einander lediglich gleichgültige Klassen aufgespalten war, fehlte ihr die Einheit, welche den Einzelnen gestatten würde, einander auf einer gemeinsamen Grundlage zu begegnen. Also war die Existenz von Klassen unmoralisch und darüber hinaus geschichtlich überholt, da sie sich nicht länger als notwendig begründen ließ. Im Grunde war jeder partikulare Standpunkt zu verurteilen, auch wenn man vielleicht vorübergehend die Arbeiterklasse von einem positiven Vorurteil profitieren ließ, weil man sie in der Vergangenheit eine Last hatte tragen lassen, die in Zukunft gerechter zu verteilen war. Wenn es überhaupt das Problem eines »falschen Bewußtseins« gab, so aufgrund der historischen Beschränkungen, denen alle unterlagen. Die wissenschaftliche Einsicht in diesen Sachverhalt war zugleich das Mittel zu seiner Überwindung – zunächst im Denken, dann aber auch – zunehmend – durch moralisches und politisches Handeln in der Praxis.[44]

Letzten Endes gingen diese Einstellungen zurück auf die Aufklärung, für die der menschliche Fortschritt ein intellektueller Fortschritt war. Das war der Standpunkt der *Ideologen* und ihrer Nachfolger, vor allem der Saint-Simonisten gewesen. Obschon Comte die sozialistische Komponente aus der Soziologie entfernt hatte, hatte er doch die Vorstellung beibe-

---

44 Vgl. dazu vor allem die Schriften der Fabier. Gegenstück dieses evolutionären Sozialismus war eine wirtschaftliche Doktrin, die – anders als die Arbeitswerttheorie – den Beitrag jedes Einzelnen zur Gesamtsumme des gesellschaftlichen Reichtums und der Wohlfahrt unter dem Gesichtspunkt des Grenznutzens betrachtete. Hier wird der Sozialismus als ein Zustand definiert, in dem jeder, nachdem die ökonomische Ungleichheit beseitigt worden ist, gemäß seiner freiwilligen Leitung entschädigt wird: technisch gesprochen, entsprechen Löhne und Preise dem Grenznutzen. Vgl. Henry Smith, *The Economics of Socialism Reconsidered*, Oxford 1962, passim.

halten, daß die Zunahme des positiven Wissens von Vorteil sei, weil es die Menschen befähige, die »Gesetze« der sozialen Evolution zu erfassen. Von hier aus war es nur ein kurzer Schritt zu der Schlußfolgerung, daß die Kenntnis der Gesetze es ermöglichen würde, die Gesellschaft nach moralischen Wertvorstellungen umzugestalten. In Frankreich wurde dieser Schritt von Durkheim getan; von außen her könnte man seine Stellungnahme als einen nicht ganz gelungenen Ausgleich zwischen dem Positivismus Comtes und dem Sozialismus Marx' betrachten.[45]

Was aber war die Quelle der moralischen Wertvorstellungen? Nach Durkheim kamen sie für den Einzelnen von der Gesellschaft, die nicht eine bloß natürliche Totalität, sondern die konkrete Verkörperung der idealen Normen war. Wie aber war es dazu gekommen, daß sich die Normen im sozialen Verhalten konkretisieren? Wenn das eine historische Frage war, so lief sie hinaus auf eine Untersuchung der Art und Weise, in der sich verschiedene Gesellschaften zu verschiedenen Zeiten nach bestimmten regulativen Prinzipien organisiert hatten. Eine solche Untersuchung konnte allerdings nie über die tatsächliche Feststellung hinausgelangen, daß bestimmte Vorschriften jeweils immer als bindend akzeptiert worden waren. Wenn eine Krise entstand, weil der moralische Konsensus zerbrochen war, dann standen die Individuen, aus denen die Gesellschaft bestand, vor der Notwendigkeit, einen neuen Konsensus herzustellen; aber nach welchen Prinzipien sie ihre Wahl zu treffen hätten, wurde nicht erklärt. Wenn Durkheim auch kein Relativist war, so konnte er sich dem Problem doch nur dadurch entziehen, daß der die »Gesellschaft« zu einem gegenüber ihren Mitgliedern höheren Wesen hypostasierte. Angesichts der daraus erwachsenden Schwierigkeiten rekurrierte er auf den Begriff des Bewußt-

45 Emile Durkheim, *Socialism and Saint-Simon*, hrsgg. v. Alvin W. Gouldner, London 1959, S. X ff., 90 ff.; vgl. auch Morris Ginsberg, *Essays in Sociology and Social Philosophy*, London 1956, Bd. I, S. 41 ff.

seins. An diesem Punkt hätte er wahrscheinlich den Bereich der Wissenschaft verlassen und zugeben müssen, daß es ein Problem des moralischen Verhaltens gibt, das seinerseits das Problem der Philosophie überhaupt involviert. Damit hätte er allerdings ausdrücklich anerkennen müssen, daß sein gesamter Gedankengang über den von der *philosophie positive* vorgezeichneten Sachverhalt hinausführte. Durkheim war praktisch gezwungen, seine eigenen Wertvorstellungen als moralisch unbedingt zu fassen, auch wenn ihn das Paradoxe seines Vorgehens beunruhigt zu haben scheint. Das gleiche kann man auch von Max Weber sagen.[46]

Die romantische Revolte

Mit der Erwähnung Max Webers erhebt sich die Frage, warum der Positivismus im Deutschland des ausgehenden 19. Jahrhunderts auf soviel mehr Widerstand stieß als im Westen. Das ist zwar eine historische Frage, aber sie verweist zurück auf die Philosophie; denn was einer rascheren Aufnahme der positivistischen Vorstellungen im Wege stand, war die metaphysische Tradition in Deutschland. Da diese ihre endgültige Formulierung durch Hegel erhalten hatte, hätte man annehmen können, daß die Marxisten, die sich ja als Nachfolger des Hegelianismus betrachteten, den traditionellen philosophischen Standpunkt vertreten haben würden. Der Marxismus hatte jedoch durch Engels eine positivistische Interpretation erfahren. Eine wirkliche Konfrontation fand

46 Vgl. Karl Löwith, *Max Weber und Karl Marx,* in: *Gesammelte Abhandlungen,* Stuttgart 1960, besonders S. 30 ff.; wenn Weber seinen Standpunkt je klar gemacht hat, dann in *Der Sinn der Wertfreiheit* und *Wissenschaft als Beruf,* beides in: *Gesammelte Aufsätze zur Wissenschaftslehre,* 2. Auflage, Tübingen 1951, S. 475 ff. und 566 ff. Vgl. auch H. H. Gerth u. C. W. Mills (Hg.), *From Max Weber: Essays in Sociology,* London 1947, passim. Eine Erörterung aus neuerer Zeit bringt W. G. Runciman, *Karl Marx und Max Weber,* in: *Sozialwissenschaft und politische Theorie,* Frankfurt 1967, S. 51 ff.

deshalb gar nicht statt; vielmehr wurde, nachdem man die idealistische Metaphysik aufgegeben hatte, das Erbe der klassischen Philosophie zwischen dem Positivismus und der Lebensphilosophie aufgeteilt, wobei die Marxisten sich de facto auf die Seite des Positivismus schlugen. Die romantische Opposition trat gegen den Rationalismus überhaupt auf – wie in Frankreich, doch gab es in Frankreich keine Parallele zu dem Einfluß, den ein Autor wie Nietzsche in Deutschland ausübte. Die entstehende Kluft war im Grunde ein allgemeines europäisches Phänomen, doch nur in Deutschland war die antirationale Tendenz stark genug, um sich zeitweilig als vorherrschende Tendenz durchzusetzen; es gelang ihr schließlich sogar, eine politische Umwälzung herbeizuführen.[47]

Es wäre falsch, diese Situation als eine direkte Auseinandersetzung zwischen Rationalismus und Irrationalismus aufzufassen. Die klassische rationalistische Position hatten die Marxisten genau wie alle anderen in der Tat aufgegeben. Selbst für die im akademischen Bereich einflußreichen Neukantianer galt die Philosophie lediglich als das »Jenseits« der Wissenschaft. So konnte es nur noch zu einem Zusammenstoß zwischen dem Positivismus und dem Vitalismus kommen, und da die Philosophie keine Leitvorstellungen zu bieten vermochte, vollzog sich die Auseinandersetzung in einer soziologischen bzw. psychologischen Entleerung allgemeiner Begriffe. Die Vulgarisierung Schopenhauers (den man nicht als Irrationalisten bezeichnen kann) durch Nietzsche fand ihre

---

47 H. Stuart Hughes, *Consciousness and Society,* New York 1958, passim. Für Gerth und Mills (a.a.O., S. 61 ff.) stellt Weber eine Synthese der Marxschen und der Nietzschen Fassung des Ideologieproblems dar, d. h. des Problems der Zurückführung der Ideen auf ihre (gesellschaftlichen oder psychologischen) Grundlagen. Damit wird Nietzsche offenbar mehr Scharfsinn zugeschrieben, als er tatsächlich besaß. Den volkstümlichen Kontrapunkt zu seiner Position lieferten jedenfalls Engels und seine Nachfolger. Dieser Situation entsprach in politischer Hinsicht die Polarisierung des geistigen Lebens in Deutschland in eine sozialdemokratische und eine nationalsozialistische Version des post-liberalen Denkens.

Parallele in der Popularisierung Hegels durch Engels. Beide schrieben für das allgemeine Publikum, doch genoß Nietzsche den Vorteil, sich an Leser zu wenden, die bereits durch ein Jahrhundert literarischer Romantik für den Irrationalismus disponiert waren. In dem Kampf um Einfluß auf das gebildete Publikum, der in den 1890er Jahren einsetzte und in den 1930er Jahren einen vorläufigen Höhepunkt erreichte, gewannen die Nietzscheaner auf Kosten der Marxisten in dem Maße an Boden, wie sie es verstanden, sich als Erben und Verteidiger einer spezifisch deutschen Tradition darzustellen. Allerdings trafen sich die Gegensätze in der Frage des »religiösen Atheismus« als eines Religionsersatzes: Engels glaubte wie Nietzsche an die »ewige Wiederkehr«.[48]

Sieht man von dem nicht sonderlich erfolgreichen Wiederaufleben des Neokantianismus ab, der eine akademische An-

[48] Die Entwicklung des Begriffs der ewigen Wiederkehr bei Nietzsche ist allzu bekannt und braucht deshalb nicht zitiert zu werden. Zu der überraschend ähnlichen (wenn auch ganz unabhängig entwickelten) Einstellung Engels' siehe die Einleitung zu seiner *Dialektik der Natur,* Berlin 1961, S. 27 ff.: »Es ist ein ewiger Kreislauf, in dem die Materie sich bewegt, ein Kreislauf, der seine Bahn wohl erst in Zeiträumen vollendet, für die unser Erdenjahr kein ausreichender Maßstab mehr ist, ein Kreislauf, in dem die Zeit der höchsten Entwicklung, die Zeit des organischen Lebens und noch mehr die des Lebens selbst- und naturbewußter Wesen ebenso knapp bemessen ist wie der Raum, in dem Leben und Selbstbewußtsein zur Geltung kommen; ein Kreislauf, in dem jede endliche Daseinsweise der Materie gleicherweise vergänglich, und worin nichts ewig ist als die ewig sich verändernde, ewig sich bewegende Materie. Aber wie oft und wie unbarmherzig auch in Zeit und Raum dieser Kreislauf sich vollzieht; wieviel Millionen Sonnen und Erden auch entstehn und vergehn mögen, wie lange es auch dauern mag, bis in einem Sonnensystem nur auf einem Planeten die Bedingungen des organischen Lebens sich herstellen; wie zahllose organische Wesen auch vorhergehn und vorher untergehn müssen – wir haben die Gewißheit, daß die Materie in allen ihren Wandlungen ewig dieselbe bleibt, daß keins ihrer Attribute je verlorengehn kann, und daß sie mit derselben eisernen Notwendigkeit, womit sie auf der Erde ihre höchste Blüte, den denkenden Geist, wieder ausrotten wird, ihn anderswo und in anderer Zeit wieder erzeugen muß.«

gelegenheit blieb, so bleibt die hier angedeutete Situation unverändert bis zu den ersten feinen Regungen der neuhegelianischen Renaissance am Vorabend von 1914. Um 1880 muß es den gebildeten Deutschen wirklich so vorgekommen sein, als sei die Philosophie tot. Es war – was nicht überrascht – die Zeit, da die Entzauberung der universalen Begriffe ihren Höhepunkt erreichte. Soweit es dabei um Nietzsche geht, handelt es sich vornehmlich um eine Radikalisierung des Denkens von Schopenhauer, der trotz seiner Skepsis hinsichtlich der Rolle des Intellekts noch nicht den Grundsatz in Frage gestellt hatte, daß eine wahre Erkenntnis der Welt möglich sei. Die Unterscheidung zwischen objektivem (d. h. interesselosem) und irrendem (weil interessiertem und subjektivem) Denken behielt Schopenhauer bei. Seine Kritik zielte auf die Korrumpierbarkeit des Intellekts, nicht auf den Intellekt selbst. Wenn er sagte, daß das Urteil der Menschen »meistens bestochen und bloß ein Ausspruch zugunsten ihrer Partei oder Klasse«[49] ist, dann verhöhnte er seine Zeitgenossen, ohne daß er deshalb an der Fähigkeit des Verstandes verzweifelte, zu gültigen Schlußfolgerungen zu gelangen. Diesen Schritt tat Nietzsche, der aus Schopenhauers skeptischem Pessimismus einen Nihilismus ableitete – verschleiert durch einen Stil, der dem seines Lehrers nachgebildet ist, und durch ein deklamatorisches Pathos, das die Phraseologie der Aufklärung benutzt, um das bereits erschütterte Vertrauen in die Vernunft endgültig umstieß. »Wir leben nur durch Illusionen. [...] Die Fundamente alles Großen und Lebendigen ruhen auf der Illusion.«[50]

Von diesem Irrationalismus war es nur ein kurzer Schritt zu dem biologischen Vitalismus des ›Dritten Reiches‹ und seiner Ideologen. Nietzsches Religionskritik, die vorgeblich die Tra-

49 *Sämtliche Werke*, hrsg. von A. Hübscher, Leipzig, 1937-1941, Bd. 5, S. 479; vgl. Barth, a.a.O., S. 197.
50 Friedrich Nietzsche, *Gesammelte Werke*, München 1922, Bd. 6, S. 18, S. 74.

dition des 18. Jahrhunderts wieder aufnimmt, endet in einem
Subjektivismus, der nicht minder anthropozentrisch ist als die
Theologie selbst. Die Charakterisierung der Welt als »sinnlos« ist lediglich eine Umkehrung der theologischen Behauptung, daß die Welt existiere, um das Interesse der Vorsehung
am Menschen zu beweisen. Da Nietzsche diese Illusion
»durchschaut« hat, ruft er nach einem Glauben, der auf dem
»Willen zur Macht« beruht – eine biologische Metapher. Die
Ideologiekritik wird reduziert auf die Zerstörung der religiösen Idole (und die Fabrikation neuer). Das wenige, was ihn
noch mit der Tradition des 18. Jahrhunderts verbindet, besteht in Äußerlichkeiten wie etwa dem französischen Titel
der *Götzendämmerung,* die auf Anregung Nietzsches als
Crépuscule des idoles übersetzt wurde.[51] In allen wesentlichen Bezügen kehrte er sich von der rationalistischen Tradition ab. Das hauptsächliche »Idol«, an dessen Zerstörung er
sich machte, war die Hoffnung auf die Vernunft. Da es eine
allgemeingültige Wahrnehmung von Universalien nicht geben kann, ist es zwecklos, den Sinn der Geschichte zu erforschen. Es bleibt nur »der ewige Fluß aller Dinge«, »die ewige
Veränderung«: die triviale Vorstellung, daß alles in der Zeit
seinen Augenblick hat: »Es gibt keine ewigen Tatsachen, so
wie es keine absoluten Wahrheiten gibt.«[52] Auch hier trifft
sich Nietzsche auf halbem Wege mit Engels.[53] Der Haupt-
unterschied besteht darin, daß Nietzsches Redeweise hyste-
risch ist, die von Engels dagegen nüchtern – eine ferne An-

51 *Friedrich Nietzsches Briefwechsel mit Franz Overbeck,* hrsgg. von
Oehler und Bernoulli, Leipzig 1916, S. 453.
52 *Werke,* Bd. 11, Seite 154.
53 Vgl. *Ludwig Feuerbach und der Ausgang der klassischen Philosophie,*
Wien/Berlin 1927, S. 52: »Der große Grundgedanke, daß die Welt nicht
als ein Komplex von fertigen Dingen zu fassen ist, sondern als ein Komplex von Prozessen, [...] dieser große Grundgedanke ist [...] so sehr in
das gewöhnliche Bewußtsein übergegangen, daß er [...] wohl kaum noch
Widerspruch findet. [...] Geht man [...] bei der Untersuchung stets von
diesem Gesichtspunkt aus, so hört die Forderung endgültiger Lösungen

deutung noch bevorstehender politischer Kämpfe. Doch beide waren sie nicht in der Lage, das in ihren Schriften in Anspruch genommene klassische Erbe zu retten.

Von einem solchen Standpunkt aus reduziert sich die Ideologiekritik auf Demaskierung. Nietzsche ist unermüdlich dabei, der Respektabilität, der bürgerlichen Moral, der idealistischen Metaphysik und dem Christentum die »Maske herunterzureißen«. Die Geschichte ist für ihn eine Maskerade – nicht in dem Hegelschen (und Marxschen) Sinne, daß ihre Logik sich in vergänglichen Ereignissen und Personen offenbart, sondern in dem Sinne, daß die Menschen ihre »wahren« biologischen Triebe und Ziele idealistisch verkleiden. Alles Denken ist ideologisch; seine unbewußte Funktion ist es, dem Lebensprozeß zu »dienen«. Im Gegensatz zu dieser zynischen Haltung ist Engels – der, anders als Nietzsche, das rationalistische Vokabular beibehielt und sich für die klassische Tradition (deren Bedeutung er vergessen hatte) einen ehrlichen Respekt bewahrte – der Auffassung, daß *beinahe* alles Denken ideologisch ist; er betrachtet die Sache jedoch gelassen, weil die Beweggründe der Geschichte schließlich verstanden und beeinflußt werden können. »Die Menschen machen ihre Geschichte, wie diese auch immer ausfalle, indem jeder seine eigenen, bewußtgewollten Zwecke verfolgt, und die Resultante dieser vielen in verschiedenen Richtungen agierenden Willen [...] ist eben die Geschichte. [...] Der Wille wird bestimmt durch Leidenschaft oder Überlegung. Aber die Hebel, die wieder die Leidenschaft oder die Überlegung unmittelbar bestimmen, sind sehr verschiedener Art.« »Die Geschichtsphilosophie [...], wie sie namentlich durch Hegel ver-

und ewiger Wahrheiten ein- für allemal auf. [...] Man läßt sich auch nicht mehr imponieren durch die [...] Gegensätze von Wahr und Falsch, Gut und Schlecht, [...] notwendig und zufällig; man weiß, daß diese Gegensätze nur relative Gültigkeit haben« (das hindert Engels jedoch nicht daran, in der gleichen Passage zu behaupten, daß »schließlich eine fortschreitende Entwicklung sich durchsetzt«.)

treten wird, erkennt an, daß die ostensiblen und auch die wirklich tätigen Beweggründe der geschichtlich handelnden Menschen keineswegs die letzten Ursachen der geschichtlichen Ereignisse sind, daß hinter diesen Beweggründen andere bewegende Mächte stehen, die es zu erforschen gilt; aber sie sucht diese Mächte nicht in der Geschichte selbst auf, sie importiert sie vielmehr von außen, aus der philosophischen Ideologie, in die Geschichte hinein.«[54] Hinter dem Schattenspiel der Geschichte gibt es einen Bereich der »realen« Ursachen, der begriffen werden kann. Es ist daher möglich, die Logik des Prozesses zu erfassen; aber da er sich endlos fortsetzt, kann man ihm keinen letzten Sinn zuschreiben. Da die Materie ewig und ihre endlose Bewegung das einzige »Gesetz« ist, dessen wir gewiß sein können, wird die Geschichte zu einem Sonderbereich innerhalb der Natur. Der »dialektische Materialismus« und der romantische Vitalismus sind sich wenigstens in dem Punkt einig, daß die Realität ein Prozeß sei, wobei allerdings der erstere ein Verlangen nach jener Rationalität bewahrt, die einst Hauptgegenstand der Philosophie war. Damit ist zumindest ein Kriterium der Unterscheidung zwischen »objektivem« und »ideologischem« Denken gegeben. Für Nietzsche freilich ist diese Unterscheidung sinnlos: Alles Denken ist eine Art Dichtung, und das wirkliche Sein der Welt bleibt für das diskursive Räsonnieren unauflöslich.

Die Logik der Wissenschaft

Eine ernsthafte Analyse des Ideologieproblems war auf diesem Niveau nicht möglich. Daß es um 1900 erneut aufgegriffen wurde, ist Max Weber zu danken, dem der Aufschwung des Neukantianismus zugute kam. Er hatte sich den historischen Relativismus Diltheys zu eigen gemacht; die Wissen-

54 A.a.O., S. 56-57.

schaft war für ihn sowohl autonom als auch moralisch neutral. Außerdem wurden die Implikationen dieses Konzepts nicht mehr durch Überreste von Metaphysik verschleiert; insbesondere war es Weber nicht möglich, sich mit der fortschrittlichen Gesamttendenz der Geschichte zufrieden zu geben. Es gab nach seiner Auffassung keine Gewähr dafür, daß durch die Rationalisierung des Daseins jene Zwecke gefördert würden, die seit jeher in der Philosophie bewahrt worden waren. Eher verschlimmerten sich die Zustände – zumindest vom Standpunkt desjenigen, der die persönliche Freiheit schätzte. Diese pessimistische Ansicht gestattete es Weber, radikaler als Dilthey normative Urteile von Tatsachenfeststellungen zu trennen. Der Positivismus nahm eine stoische Färbung an; er wurde zur Grundlage für den »freigewählten« Standpunkt eines Denkers, der sich als Verteidiger einer verlorenen Sache betrachtete.[55]

Für unser Thema ist Weber deshalb wichtig, weil sein Ansatz eine schärfere Unterscheidung zwischen den zwei Bedeutungen von »Ideologie« enthält. Wie gezeigt worden ist, kann der Ausdruck sowohl das Bewußtsein einer Epoche als auch das »falsche Bewußtsein« von Menschen bedeuten, die ihre wirkliche Rolle nicht kennen. Was eine Kultur über sich selbst denkt, kann in dem einen Sinne »ideologisch« sein, ohne es in dem anderen Sinne sein zu müssen; wenn beispielsweise das Mittelalter Denkformen entwickelte, welche die feudal-hierarchische Struktur der Gesellschaft »widerspiegelten«, so konnte man gleichwohl auch anhand der offiziellen Ideologie auf eben jene Realität stoßen, weil diese sich in den Katego-

---

55 Löwith entwickelt in dem angegebenen Werk diesen Gedanken in einer Analyse von Webers Verhältnis einerseits zum historischen Marx und andererseits zum »Vulgärmarxismus« der Epigonen; vgl. auch Runciman, a.a.O., S. 51 ff. Die Weiterentwicklung von Webers Kritik der modernen Gesellschaft und ihrer Ideologien ist mit dem Namen Schumpeters verknüpft; vgl. insbes. dessen *Kapitalismus, Sozialismus und Demokratie*, Stuttgart 1952.

rien widerspiegelte. Sowohl von Marx als auch von Weber wird der Ausdruck gewöhnlich in diesem Sinne gebraucht; offenkundig kommt es bei dieser Auffassung gar nicht in Frage, irgend jemanden oder irgend etwas zu »demaskieren«. Das Denken kann andererseits auch »ideologisch« in dem engeren Sinne sein, daß es die Realität, die es beschreibt, verzerrt statt sie widerzuspiegeln. So war für Marx die Ökonomie entweder »wissenschaftlich« oder »ideologisch«, je nachdem, ob sie den sozio-ökonomischen Prozeß objektiv darstellte oder nicht. Wenn Ricardo in seinen Augen auch ein Bourgeois war, so blieb er für ihn gleichwohl ein Wissenschaftler. Allerdings hielt Marx gleichfalls an der Vorstellung fest, daß Denkformen notwendig ihre eigenen Grenzen enthalten, so daß z. B. Ricardo (oder jeder andere Ökonom, der seine Begriffe verwendete) in dem Sinne seine Grenzen hatte, daß er unfähig war, den der bürgerlichen Epoche eigentümlichen geistigen Bezugsrahmen zu überschreiten: die gesellschaftlichen Kategorien können so lange nicht im Denken transzendiert werden, wie sie nicht (zumindest im Prinzip) in der Praxis in Frage gestellt worden sind. Da Weber diesen Ansatz stillschweigend beibehielt, übernahm er auch das Problem, die Rolle der »Ideologie« zu erklären – nicht im Sinne einer bewußten oder unbewußten Entstellung der Realität im Interesse irgendeiner Klasse oder Gruppe, sondern im Sinne des geistigen Reflexes bestimmter gesellschaftlicher Prozesse. Anders als Marx, für den die gesamte Geschichte Beweis einer verborgenen Rationalität war, relativierte er die Soziologie, indem er sie von der Philosophie trennte; jede Kultur hat ihre eigenen Normen und Werte, die in die Wahrnehmung dessen eingehen, was man als »Realität« bezeichnet. Ihre Normen sind bindend nur für denjenigen, der sie akzeptiert, doch nimmt ihnen das nicht ihre Verbindlichkeit, da es ihr Schicksal ist, zugleich »objektiv« und »subjektiv« zu sein. Über diese Situation kommt man nicht hinaus, denn die zunehmende Rationalität führt lediglich zur Einsicht in die Unmöglichkeit, Werturteile auf eine allgemein akzeptierte Lehre von der Natur des Menschen zu stützen.

An diesem Punkt schlägt die Ideologiekritik – ursprünglich ein philosophischer Gegenstand – in Relativismus um. Geschichte und Soziologie lassen zusammen erkennen, daß das Bewußtsein seinen zeitlichen Horizont nicht übersteigen kann, weil die dem Rohstoff der Erfahrung aufgezwungenen Begriffe ihrerseits historisch sind. Etwas ähnliches hatte Hegel und in seiner Folge Marx angedeutet, doch wurden sie vor dem Relativismus durch die Auffassung geschützt, daß die Natur des Menschen und die Logik der Geschichte sich durch einen Vernunftakt erfassen ließen. In der neukantianischen Bestimmung der Kategorien als leere Formen, die einem unbekannten und unerkennbaren Material übergestülpt werden, steckt bereits ein Subjektivismus, der bei Dilthey und Weber dazu führt, daß sie die Vorstellung einer allgemeingültigen Wahrheit fallenlassen. Da die Vernunft mittlerweile den Status der konkreten Allgemeinheit verloren hat, wird die Geschichte nicht mehr als eine intelligible Totalität betrachtet, die letzten Endes von der Tatsache zusammengehalten wird, daß sie für alle Menschen die gleiche ist. Ist diese Anschauung einmal aufgegeben, dann bleibt jedem Einzelnen die subjektive Freiheit, gemäß der Vernunft zu handeln, gemäß *seiner* Vernunft – eine Freiheit, die notwendig durch das Recht aller übrigen beschränkt ist, genauso zu handeln. In ihrem Handeln gehen die Menschen von selbstgewählten Standpunkten aus, die letztlich miteinander unvereinbar sind, und von Überzeugungen, die sich schließlich nicht rational rechtfertigen lassen. Der »ideologische« Charakter des Denkens hört in dieser Perspektive auf, ein Problem zu sein. Er wird hingenommen als ein Aspekt einer Situation, die, da sie nicht verändert oder überwunden werden kann, ertragen werden muß.

Gegenstand des vorangegangenen Abschnittes war die Formulierung des Ideologieproblems zwischen, grob gesprochen,
1860 und 1920. Die Daten sind genausowenig zufällig wie
die Tatsache, daß die Auseinandersetzung sich zuvor zwischen der Französischen Revolution und der Erhebung von
1848 abspielte.[56] In beiden Fällen haben wir es mit einer gesellschaftlichen Veränderung zu tun, die ihr geistiges Gegenstück in einer spezifischen Auffassung von der Rolle der
Ideen fand. Dem würden wohl selbst Kritiker des »Historizismus« zustimmen, und im übrigen ist darauf hinzuweisen,
daß ein Satz wie der vorangegangene nicht mehr meint als
die bloße Behauptung, daß es *irgendeine* Entsprechung geben
muß zwischen der kollektiven Erfahrung einer Kultur und
der Art, in der diese Erfahrung im Denken verallgemeinert
wird. Daraus folgt nicht, daß der Marxismus oder der Posi-
vismus als der »ideologische Reflex« ihres Zeitalters verstanden werden müssen.

Es ist bereits angedeutet worden, daß Weber (beispielsweise
mit der These, daß der Protestantismus ein entscheidender
Faktor für den Aufstieg des Kapitalismus gewesen sei)
eigentlich nicht »Marx auf den Kopf stellte«, sondern vielmehr ein »bürgerliches« Gegenstück zur Marxschen Ge-
schichtstheorie entwickelte. Allerdings ging er in einem wichtigen Punkt über Marx hinaus, da seine Soziologie sich auf
die »industrielle Gesellschaft« als solche bezog und damit in
der nächsten Generation für den Kapitalismus und den Sozialismus gleichermaßen relevant wurde. Während dieser Gedanke für die zeitgenössische Soziologie von größter Bedeu-

---

56 Marx' *Zur Kritik der politischen Ökonomie* mit der Einleitung, in der
die »materialistische Geschichtsauffassung« formuliert wird, erschien 1859;
Weber hielt seinen Vortrag *Wissenschaft als Beruf* 1919 – ein Datum, das
man als den tatsächlichen Abschluß jener historischen Epoche betrachten
kann, in der sowohl der Positivismu als auch der »orthodoxe Marxismus«
entstanden.

tung ist, berührt er unser Problem nur am Rande. Jedenfalls kann man den Pessimismus Webers hinsichtlich der Zukunft der Freiheit in einer zunehmend rationalisierten und büro-kratisierten Welt teilen, ohne daß man deshalb die neukantianische Trennung zwischen Tatsachenurteilen und Werturteilen als eine letzte Gegebenheit für das reflexive Bewußtsein hinnimmt. Das gilt auch für seine Meinung, daß alle möglichen Standpunkte nicht nur durch die Stellung dessen bedingt sind, der sie einnimmt (nicht gerade eine erschütternde Offenbarung), sondern auch durch das Grundprinzip (sofern es entdeckt werden kann) jenes Prozesses, durch den aus den naiven Hoffnungen und Wünschen der Aufklärung des 18. Jahrhunderts unsere heutige Enttäuschung geworden ist. Spricht man von einem »Prozeß«, so setzt das die Annahme voraus, daß die Geschichte tatsächlich eine erkennbare Logik besitzt; da das aber von Weber nicht bestritten wurde, verlassen wir nicht seinen Bezugsrahmen, wenn wir fragen, inwieweit die »Wissenssoziologie« in der Lage ist, das Ideologieproblem zu klären.

Den Schritt von der *Wissenschaftslehre* zur *Wissensoziologie* vollzog zwar Karl Mannheim, doch darf man, glaube ich, Mannheims Werk als einen Nachtrag zum Werk Max Webers ansehen. Es ist kein Geheimnis mehr, daß ein wichtiges Bindeglied zwischen ihnen von Georg Lukács geliefert wurde, insbesondere mit *Geschichte und Klassenbewußtsein,* einem Werk, das viele Jahre ein verborgenes Leben führte, bevor man seinen tatsächlichen Einfluß erkannte. Hier wird davon ausgegangen, daß Mannheim von Weber herkommt und sich auf den frühen Lukács stützt, und es wird die Frage gestellt, wieweit diese verspätete Verbindung des marxistischen mit dem positivistischen Standpunkt den Ideologiebegriff geklärt hat.[57]

57 Vgl. zu dem folgenden Georg Lukács, *Geschichte und Klassenbewußtsein: Studien über marxistische Dialektik,* Berlin 1923; Karl Mannheim, *Ideologie und Utopie,* Bonn 1929; und *Essays on Sociology and social*

Wenn man Weber als einen »bürgerlichen Marx« bezeichnen könnte, so erschien Mannheim den Eingeweihten (denen also, die von seinem Hintergrund und von den allerdings spärlichen Beziehungen wußten, welche zwischen seinem Kreis und den Budapester Marxisten bestanden, welche 1919 das kurze Räte-Experiment anführten) als ein »bürgerlicher Lukács« – vielleicht nicht ganz zu Recht, da er sich selbst für einen Sozialisten hielt und in seinen späteren Schriften aus der Wirtschaftsplanung beinahe einen Fetisch machte.[58] Doch alles dies beschäftigt uns hier nicht; unser Thema ist, wie Mannheim und Lukács – der gleichfalls ausgeht von einem Bewußtsein des Dilemmas, das durch den radikalen Historismus Diltheys und den resignierten Relativismus Webers aufgeworfen wurde – das Ideologieproblem fassen. Die Darstellung Mannheims in *Ideologie und Utopie* (zuerst erschienen 1929) kann als bekannt vorausgesetzt werden. Das gilt nicht gleichermaßen für Lukács, ungeachtet seiner späteren Prominenz.[59]

Als *Geschichte und Klassenbewußtsein* im Jahre 1923 erschien – der Verfasser distanzierte sich prompt von seinem Werk, als Moskau Bedenken erhob – wurde es zu Recht als eine Herausforderung sowohl an den »orthodoxen Marxismus« als auch an den Positivismus verstanden. Lukács hatte nämlich die hegelianische Geschichtsauffassung wiederbelebt

Psychology, hrsg. von Kecskemeti, London 1953; Karl R. Popper, *Das Elend des Historizismus*, Tübingen 1965. Die letztgenannte Arbeit ist eigentlich eine Kritik an Mannheim, der in ihr als die Verkörperung des »holistischen« Denkens und des »Historizismus« erscheint, und es ist fraglich, wieweit ihre Verallgemeinerungen sich für andere Zwecke übertragen lassen.
58 Vgl. *Mensch und Gesellschaft im Zeitalter des Umbaus*, Leiden 1935; *Diagnosis of Our Time*, London 1943.
59 Hier sollen nicht die Schriften Lukács' über die Kunst behandelt werden, unter denen sich vor allem zwei gewichtige Bände zur Ästhetik befinden, die vor kurzem im Rahmen der in der BRD erscheinenden *Gesammelten Werke* veröffentlicht wurden (*Die Eigenart des Ästhetischen*, Neuwied 1963).

und mit dem revolutionären Aktivismus Lenins zu einem explosiven Gemisch verbunden – einem Gemisch, das weitaus brisanter war als die offizielle, vom Kommunismus bereits akzeptierte Version, weil Lukács tatsächlich ernst machte mit der Vorstellung, daß das Proletariat »identisches Subjekt-Objekt des gesellschaftlich-geschichtlichen Entwicklungsprozesses« sei.[60] Sie war nicht allein die Klasse, die dazu bestimmt war, der bürgerlichen Gesellschaft ein Ende zu bereiten; ihr bevorstehender Sieg bedeutete die *praktische* Lösung *theoretischer* Probleme, die von einem bürgerlichen Standpunkt aus unlösbar waren, darunter das kantianische.[61] Diese Schlußfolgerungen wurden nicht in philisterhafter Weise entwickelt, sondern anhand einer Analyse logischer und erkenntnistheoretischer Begriffe, die deren wesentlich historischen Charakter zu begründen versuchte. Lukács erfüllte 1923 nicht nur die Hegelsche Dialektik mit neuem Leben; er tat auf seine Weise, was Hegel in der *Phänomenologie* getan hatte, als er die Kategorien als Manifestationen des Geistes definierte.[62] Das »Erbe der klassischen deutschen Philosophie«, auf das Engels sich in seinem Essay über Feuerbach vergeblich berief, schien mit dieser intellektuellen *tour de force* – das Niveau dieser einzigartigen Leistung hat ihr Urheber, der später einer der Vertreter der marxistisch-leninistischen Scholastik wurde, nie wieder erreicht – in der Tat für die Marxistische Schule gesichert zu sein.

Lukács und Mannheim

Von unserem heutigen Gesichtspunkt aus ist es hinreichend klar, daß das eine Selbsttäuschung war, und zwar nicht nur,

60 Lukács, a.a.O., S. 164.
61 Ebenda, S. 134 ff.
62 Leider kann das nicht im einzelnen vorgeführt werden. Es muß im übrigen genügen, auf den offensichtlichen Einfluß zu verweisen, den Lukács auf das Werk Herbert Marcuses ausgeübt hat.

weil die Geschichte sich weigerte, dem von dem Theoretiker vorgezeichneten Weg zu folgen. Lukács, der sein Buch fast ein Jahrzehnt vor der Wiederentdeckung der Marxschen *Pariser Manuskripte* schrieb, hatte intuitiv erkannt, daß die Entfremdung des Menschen und deren Aufhebung den Angelpunkt der Marxschen Theorie bildeten.[63] Damit hatte er den übergeschichtlichen Standpunkt gewonnen, den er für eine kritische Betrachtung des Gesamtprozesses benötigte. Auf diese Weise vermied er zwar den Relativismus, der in dem orthodoxen Ansatz steckte, doch geriet er in ein anderes Dilemma: Ein Standpunkt außerhalb der empirischen Geschichte ist ein metaphysischer Standpunkt; das ist für die Hegelsche (oder irgendeine andere) Philosophie unbedenklich, für einen Marxisten jedoch wird es problematisch. Lukács war denn auch nicht in der Lage, gegenüber den empörten Angriffen der Orthodoxie seine Position zu behaupten. Er hätte sonst zugeben müssen, daß die Kategorie der »Totalität«, die in seinem Denken die entscheidende Rolle spielte, nicht nur die willkürlich verkürzte positivistische Anschauung, sondern jedes nur denkbare Konzept transzendierte, das sich mit dem vereinbaren ließ, was als Wissenschaft bezeichnet wird. Lukács hatte sehr wohl erkannt, daß der Empirismus niemals die »konkrete Totalität« der Geschichte geistig erfassen kann. Er sah jedoch nicht – oder scheute jedenfalls davor zurück, es sich selbst einzugestehen, als er darauf hingewiesen wurde –, daß für einen Denker, der nicht auf die Metaphysik zurückgreifen will, der Empirismus der Wissenschaft die einzig mögliche Operationsbasis ist. Sein eigenes Engagement für die Revolution, das unter den damaligen Umständen durchaus rational war, enthielt gleichwohl ein Element des romantischen Subjektivismus, was

63 Vgl. den umfangreichen Essay *Die Verdinglichung und das Bewußtsein des Proletariats* (a.a.O., S. 94 ff.), der eine Kritik der idealistischen Philosophie in von Hegel abgeleiteten Begriffen darstellt (und nebenbei die Kritik Engels' an Kant der Absurdität überführt).

er allerdings nicht zugestehen wollte. Von einem rein theoretischen Standpunkt aus gab es keinen besonderen Grund, warum man – statt der Intelligenz oder irgendeiner anderen Gruppe – das Proletariat als das »identische Subjekt-Objekt« der Geschichte betrachten sollte; wenn es darum ging, eine Position jenseits des Klassenkampfes zu begründen (nicht daß Lukács eine solche Absicht gehabt hätte), dann konnte ihn die Intelligenz in der Tat mit größerem Recht beanspruchen.

Das ist – wie wir wissen – Mannheims Lösung; bevor wir jedoch dazu kommen, wollen wir uns anschauen, wie nach den Voraussetzungen von Lukács die Rolle des Bewußtseins zu verstehen ist. Da er der einzige Marxist ist, der darüber ein ganzes Buch geschrieben hat, sollte man vielleicht doch erörtern, was er dazu zu sagen hat. Ausgehend von der Hegel-Marxschen Auffassung der Geschichte als einer konkreten Totalität scheinbar beziehungsloser Tatsachen kritisiert er zunächst, wie der Empirismus die Wissenschaft im Sinne einer korrekten Darstellung jener erstarrten Strukturen, die dem Individuum als »gesellschaftliche Wirklichkeit« gegenübertreten, zu einem Fetisch gemacht hat.[64] Die dialektische Methode macht diesen Prozeß wieder durchschaubar und enthüllt darüber hinaus den ideologischen Charakter der pseudo-empirischen und »wissenschaftlichen« Denkformen, welche die typischen Antinomien der verfallenden spätbürgerlichen Kultur – beispielsweise den Konflikt zwischen Individuum und Gesellschaft – in einer Weise darstellen, als gehörten sie notwendig zu allen geschichtlichen Entwicklungsstufen. Das vermag die Marxsche Dialektik – anders als die idealistische

---

64 A.a.O., S. 22 ff. Außer der an Comte und Spencer orientierten soziologischen Methode verurteilt Lukács auch jene Marxisten, die sich auf Kant berufen und damit die Tatsache ignorieren, daß »die Marxsche Kritik Hegels [...] die direkte Fortsetzung und Weiterführung jener Kritik [...] ist, die Hegel selbst an Kant und Fichte ausgeübt hat« (ebenda, S. 31).

Dialektik Hegels, die sich retrospektiv auf die Vergangenheit fixiert – zu leisten, weil sie sowohl über den bestehenden Zustand als auch über die Kategorien hinausgeht, die dessen geistiges Gegenstück bilden. Diese Kategorien sind der jeweilige Reflex einer Realität, deren Bedeutung dem Individuum verschleiert wird durch die bürgerliche Denkweise, die in dem Kult der positiven Wissenschaft ihren Höhepunkt findet. Aus dieser Situation entstehen all die Gegensätze, die für die Moderne kennzeichnend sind – die Kluft zwisen Theorie und Praxis, Form und Inhalt, Wissenschaft und Metaphysik usw. Der schärfste Gegensatz besteht zwischen der fortschreitenden Rationalisierung einzelner Momente des Daseins und der zunehmenden Irrationalität des Ganzen. Diese Kluft nicht nur in der Theorie, sondern in der Praxis zu überwinden ist die Aufgabe des *Bewußtseins,* insbesondere jenes Bewußtseins, das über die bürgerliche Epoche hinausweist, nämlich des Marxismus. Da die Geschichte sich auf einen Höhepunkt zubewegt, bei dem es um das »Schicksal der Menschheit« geht,[65] nimmt der wachsende Gegensatz zwischen der herrschenden Klasse und dem Proletariat (das um seiner Selbsterhaltung willen gezwungen ist, für Ziele zu kämpfen, die nicht unbedingt *als solche* jedem einzelnen seiner Mitglieder gegenwärtig sind) den Aspekt eines Wettlaufs zwischen der »blinden« Notwendigkeit und der bewußten Zielsetzung an. Die Automatik des geschichtlichen Prozesses, auf die der »Vulgärmarxismus« vor 1914 sich zur Erreichung seiner Ziele verlassen hatte, kann nämlich durchaus zu einer weltweiten Katastrophe führen.[66]

Der Übergang vom »Reich der Notwendigkeit« zum »Reich der Freiheit« ist selbst kein notwendiger Schritt. Im Gegenteil – gerade während dieser kritischen Übergangsperiode wird die blinde Automatik der bestehenden verdinglichten Verhältnisse zu einem verhängnisvollen Schicksal, das nur

65 A.a.O., S. 82.
66 Ebenda.

durch die Erhebung der unterdrückten Klasse aufgehalten werden kann. Trotz all ihrer empirischen Mängel verkörpert diese historisch den Willen der Menschheit, sich der Selbstvernichtung zu entziehen. Das Bewußtsein dieser Klasse, das über die verfestigten Kategorien einer in Auflösung befindlichen Gesellschaft hinausweist, fällt zusammen mit dem »wahren« Bewußtsein der Menschheit. Dieses Selbstbewußtsein ist kein wissenschaftliches, denn *die Wissenschaft ist selbst eine Illusion* – die letzte und größte aller bürgerlichen Illusionen, die, wenn sie nicht überwunden wird, unweigerlich zur Menschheitskatastrophe führen muß. In dem Konflikt zwischen Bourgeoisie und Proletariat geht es somit um das »Schicksal der Menschheit«. Das empirische Proletariat unterliegt jedoch den ideologischen Verwirrungen und Krisen, welche die bürgerliche Gesellschaft in der Zeit ihres Verfalls kennzeichnen, und bedarf daher – hier verläßt Lukács den klassischen Marxismus und stellt sich auf den Standpunkt des Leninismus – der Führung durch eine revolutionäre *Partei,* welche das Bewußtsein der Epoche verkörpert.[67] Daher ist das Bewußtsein, von dem buchstäblich alles abhängt, letzten Endes wiederum das Bewußtsein einer Gruppe von Individuen, denn natürlich muß auch die Partei *geführt* werden. Es zeigte sich später, daß Lukács bereit war, die Implikationen dieser Dialektik zu sehen: Wenn die Vernunft bei einer Gruppe liegen konnte, dann konnte sie ebensogut ihre zeitweilige Verkörperung in einem Individuum finden, das sich an die Stelle der Gruppe gesetzt hatte.

Was diese Analyse so überzeugend und überaus eindringlich erscheinen ließ, war die überragende Intellektualität ihres Urhebers. An Propheten des Untergangs besaß Mitteleuropa in den frühen Zwanziger Jahren übergenug; einer mehr oder weniger hätte da keinen Unterschied gemacht. Was Lukács auszeichnete, war die Entschiedenheit, mit der er seine Theorie in den Rahmen der klassischen deutschen Philosophie

67 A.a.O., S. 261 ff., 276 ff., 298 ff.

stellte. In seiner Analyse des Kantschen und des neukantianischen Denkens, die er in dem von seinen Heidelberger Lehrern der Vorkriegszeit übernommenen, komplizierten und an Anspielungen reichen Stil weit ausholend entwickelte[68], benutzte er mit durchschlagender Wirkung das hegelianisch-marxistische Vokabular, um zu zeigen, daß die Krise des zeitgenössischen Denkens die bevorstehende Katastrophe jener Gesellschaft ankündigte, die eben diese Philosophie hervorgebracht hatte. Zwar war seine Vermutung richtig, doch irrte er sich insofern, als er glaubte, daß »die Revolution« ihn bestätigen würde. Er wurde im übrigen nicht einmal von seiner eigenen »Partei« anerkannt, obwohl er die philosophische Grundlage des Leninismus richtig herausgearbeitet hatte. Die apokalyptische Vision einer Krise, in der es um das Schicksal der Menschheit ging, verfehlte nicht ihre Wirkung auf die intellektuelle Elite des europäischen Marxismus; die neue Moskauer Orthodoxie jedoch, die bereits einer eigenen Version der Wissenschaftsgläubigkeit huldigte, versetzte sie in Schrecken, und unter den Massen vermochte sie keinen revolutionären Optimismus zu verbreiten. Sie blieb deshalb eine Geheimlehre und ihr Verfasser ein geduldeter Häretiker, der schließlich seine eigenen Einsichten verwarf. Damit mußte notwendig an die Stelle der 1923 entwickelten dialektischen Erkenntnistheorie eine platte Widerspiegelungstheorie der Wahrnehmung treten. Das Ideologieproblem wurde bei dieser Rückwendung zur Orthodoxie erneut zu einem zweitrangigen Punkt: es gab ein wahres Bewußtsein (der Arbeiterklasse oder vielmehr »ihrer« Partei) und ein falsches (des »Klassenfeindes«), doch hatten *beide die gleiche Struktur*. Es ging lediglich darum, die »bürgerliche Wissenschaft« durch eine »sozialistische Wissenschaft« oder die »bürgerliche Ideologie« durch eine »proletarische Ideologie« zu ersetzen. Daß die »Wissenschaft« selbst eine »ideologische« Denkweise darstellt, die ihrer Natur nach keine adäquate

68 A.a.O., S. 122 ff.

Beschreibung der Welt hervorbringen kann – diese wahrhaft umstürzende und »revolutionäre« Einsicht, die Lukács bei Hegel gewonnen hatte, ging verloren; ja, ihr Autor widerrief sie schließlich. Letzten Endes war es auch sehr viel einfacher, der aktuellen Meinung beizupflichten, daß die Wissenschaft uns alles sagen könne, was wir wissen müssen, sofern sie nicht durch »reaktionäre« Klasseninteressen verzerrt ist. So hatte es der orthodoxe Marxismus verkündet, vertreten durch Engels, Plechanow, Kautsky und Lenin selbst (dem fügte sich die *Praxis* Lenins allerdings überhaupt nicht; sie verlangte eine völlig andere Erkenntnistheorie). Mit der Rückkehr zu dieser Tradition brachte Lukács sich nicht nur außer Gefahr, sondern er stillte damit sehr wahrscheinlich auch ein sehr tief verankertes psychologisches Verlangen nach geistiger Gewißheit: der Ketzer hatte damit im Schoße einer neuen Lehre seinen Frieden gefunden.[69]

Im Lichte des Dargelegten ist die Arbeit Mannheims sozusagen das dialektische Gegenstück zu Lukács' mißlungenem Ausbruchsversuch. *Ideologie und Utopie* (1929) war die Antwort des Positivisten auf *Geschichte und Klassenbewußtsein* (1923). Mannheim, der sich 1919 von Lukács' politischem Engagement distanziert hatte, übernahm, was er für seinen Zweck verwenden konnte, und der war unumwunden »theoretisch« in jenem kontemplativen Sinne, den Lukács verurteilte, weil für ihn Theorie sinnlos war, wenn sie sich nicht mit einer bestimmten Praxis verband. Viele Passagen in *Ideologie und Utopie* lassen erkennen, daß sich der Autor der Probleme bewußt ist, die Lukács einige Jahre zuvor aufgeworfen hatte. Insbesondere Mannheims Darstellung der Ent-

69 Allerdings gelang es ihm in seinen späteren quasi-philosophischen Schriften niemals vollständig, sein früheres Interesse für die Rolle des Bewußtseins und den irreduziblen Charakter der geistigen Erfahrung abzuschütteln. Leider kann dieses Thema, das für eine Einschätzung der ästhetischen Arbeiten Lukács' von Bedeutung ist, hier nicht weiterverfolgt werden.

stehungweise ideologischer Vorstellungen geht auf die von
Hegel und seinen Nachfolgern entwickelte Bewußtseinsphi-
losophie zurück.[70] So ist auch für ihn das Bewußtsein nicht
einfach ein »Reflex« der Erfahrungswelt, sondern im Gegenteil an deren Konstituierung beteiligt.[71] Der Begriff des »falschen Bewußtseins« (der Ideologie im präzisen oder engeren
Sinne) wird an die Diskussion Kants und Hegels angeknüpft.
Der traditionelle marxistische Standpunkt wird verworfen,
weil er versucht, sich selbst von dem Verdikt auszunehmen,
das seinem eigenen Ansatz inhärent ist: Auch der Sozialismus
muß als eine Ideologie betrachtet werden. »Mit dem Auf-
tauchen der allgemeinen Fassung des totalen Ideologiebegriffes entsteht aus der bloßen Ideologienlehre die Wissenssso-
ziologie. Was einmal die geistige Kampfapparatur einer Partei war, wird zu einer Methode der sozial- und geistesge-
schichtlichen Forschung gemacht.«[72] Wie ein Jahrhundert zuvor bei Comte wird der Sozialismus zur Soziologie, wobei
diesmal allerdings das Problem des Relativismus offen anerkannt wird. »Hat man diese Umkehrung einmal vollzogen, indem man davon ausgeht, daß historisches Wissen we-
sensmäßig relational, nur standortsgebunden formulierbar
ist, so taucht das Problem der Wahrheitsentscheidung zwar
wieder auf, denn man wird sich doch fragen, welcher Stand-
ort die größten Chancen für ein Optimum an Wahrheit
hat.«[73]
Damit sind wir wieder bei Max Weber. In der Tat läßt sich

<hr/>

70 *Ideologie und Utopie,* Bonn 1929, S. 19 f.
71 »Hier tritt anstelle einer außer uns seienden immer mehr unübersicht-
lich werdenden in unendliche Mannigfaltigkeit verfallenden Welt ein
Welterleben, dessen Kohärenz garantiert ist durch die Einheit des Sub-
jektes, das die Prinzipien zumindest der Weltformung nicht einfach hinnimmt, sondern in Spontaneität weitgehend aus sich erzeugt.« A.a.O.,
S. 19.
72 A.a.O., S. 32 (Zitat abweichend von der Originalversion nach der
Lichtheimschen Fassung übersetzt. *A. d. Ü.*).
73 A.a.O., S. 34.

die Position Mannheims sehr zutreffend definieren als ein Amalgam (in seinen Augen sicher als eine Synthese) von Weber und Lukács. Neu und originell ist die Antwort, die er auf seine eigene Frage gab: Der optimale Standpunkt ist jener, den die gesellschaftliche Gruppe einnimmt, deren spezielle Funktion die Bildung allgemeiner Begriffe ist – die Intelligenz. Mannheim machte, indem er die Wissenssoziologie an die Position einer bestimmten Gesellschaftsschicht knüpfte, die Ausübung der Freiheit zum Gruppeninteresse der Intellektuellen.[74] Er ging damit einen Schritt über Weber hinaus, für den die Erkenntnisfrage in engem Zusammenhang stand mit der Rolle des »einsamen« Denkers gegenüber der Welt. Doch wenngleich Mannheim das Gruppendenken in den Vordergrund rückt, so ist damit noch nicht der Einwand widerlegt, daß nur eine ganz bestimmte »historische« Klasse in einem ganz bestimmten Augenblick die historische Situation umgestalten kann. Für den Einzelnen ist die Welt stets etwas »Gegebenes«, insofern sie als eine Totalität erfahren wird, an welcher der kritische Intellekt nichts Entscheidendes zu ändern vermag. Eine Gruppe besteht nun aber aus solchen Einzelnen, für die verschiedene Aspekte der Erfahrung bedeutsam sind und deren unterschiedliche Positionen einander wahrscheinlich aufheben. Mannheim betrachtet denn auch das Aufeinanderbezogensein der Standpunkte und die wechselseitige Überwindung der »Vorurteile« als Voraussetzung

74 A.a.O., S. 130 f.: »[. . .] es ist eine entsprechende Totalorientierung potentiell auch dann lebendig, wenn der Intellektuelle sich einer Partei angeschlossen hat. Sollte diese Fähigkeit zur erweiterten Umschau nur als ein Manko ausgedeutet werden können, liegt nicht darin vielmehr eine Mission? Nur jener, der wirklich die Wahl hat, hat ein Interesse daran, das Ganze des sozialen und politischen Gefüges von allen Seiten behandelt zu sehen. Nur in jener Zeitspanne und Beobachtungsphase, die der Deliberation gewidmet ist, ist der soziologisch-logische Ort des Entstehens einer synthetischen Forschung zu suchen. [. . .] Nur dem Vorhandensein einer solchen relativ freischwebenden Mitte [. . .] ist ein reales gegenseitiges Durchdringen der vorhandenen Tendenzen zu danken.«

für das Entstehen einer wahrhaft wissenschaftlichen Arbeitsweise. Die jeweilige Partikularität der einzelnen Standorte und ihre Wechselbeziehung im Zusammenhang mit dem sozialen Gesamtgeschehen zu erforschen wird die Aufgabe einer solchen ›wertfreien‹ Ideologieforschung sein.[75]

Nun scheint aber die Bezugnahme auf das »soziale Gesamtgeschehen« eine andere, philosophischere Betrachtungsweise vorauszusetzen. Nach den Voraussetzungen, die Mannheim qua Soziologe macht, ist nicht einzusehen, warum er sich gerade dann, wenn es ihm gelegen erscheint, auf die Totalität der Geschichte berufen sollte. Dabei benutzt er eine Sprache, die nur unter der (Hegelschen) Voraussetzung sinnvoll ist, daß das Ganze die Teile bestimmt und daß man die Logik der Geschichte begriffen haben muß, bevor man sich dem Geschäft der empirischen Forschung zuwenden kann.[76]

Das Problem des Bewußtseins

Das Problem der Geschichte ist das Problem des Bewußtseins. Es war Hegel, der das als erster darlegte, und auch seine Nachfolger – darunter Marx, der zwar seine Logik umkehrte, aber nicht durch eine grundsätzlich andere Denkweise ersetzte – stellten sich die von ihm aufgeworfene Frage, wie

75 A.a.O., S. 36. Vgl. auch weiter unten: »Unsere gegenwärtig herrschende Philosophie wird nicht einmal in jener vorsichtigen Gestalt mehr haltbar sein, in der sie zwar alle Inhalte als geschichtlich determinierte freigab, um so mehr aber an der Wertform [. . .] festhielt.«
76 A.a.O., S. 48 f. »Man kann und muß Geistesgeschichte (und zu dieser Art soziologischer Geschichtsbetrachtung haben wir uns schon durch unsere bisherige Art der Betrachtung bekannt) in der Weise betreiben, daß man in der Abfolge, aber auch in der Koexistenz der Elemente mehr als einen Zufall sieht und durch die Erforschung der in der Geschichte werdenden Totalität immer mehr den Stellenwert und die Bedeutung der Elemente zu erfassen versucht.« Wegen der Inkonsistenz derartiger Äußerungen (für die er sich freilich auf die Autorität von Dilthey und Troeltsch hätte berufen können) setzte sich Mannheim – trotz seiner scheinbaren Skepsis – dem Vorwurf des Historizismus aus; vgl. Popper, a.a.O., S. 60.

es angesichts der Tatsache, daß die Menschen sich zugleich innerhalb und außerhalb des historischen Prozesses befinden, möglich war, daß der Intellekt die Vernunft in der Geschichte erkennt. Das untergeordnete Problem eines »falschen Bewußtseins« ergab sich aus der Erkenntnis, daß die verschiedenen möglichen Anschauungen sowohl der Sache unangemessen als auch miteinander unvereinbar waren. Die erkenntnistheoretische Analyse hatte mittlerweile dazu geführt, daß man nach »dem identischen Subjekt-Objekt« der Geschichte suchte – einem Allgemeinen, dessen Tätigkeit gleichbedeutend war mit der Enthüllung der eigentümlichen Logik der Geschichte. Wenn man dieses Ziel während der letzten zweihundert Jahre verfolgt hat, so darf das nicht einfach als ein leidenschaftsloses Streben nach objektiver Wahrheit verstanden werden, obwohl dem Versuch, eine historische Logik zu entdecken, der Glaube an eine allen Menschen gemeinsame Vernunft inhärent war. Die geistige Anstrengung war selbst ein Faktor jener theoretischen und praktischen Vereinheitlichung der Welt, die sich jetzt vor unseren Augen vollzieht. Aus dem wachsenden Interesse an dem Phänomen des »falschen Bewußtseins« ist abzulesen, daß man erkannt hat, daß die Zukunft der Zivilisation – wenn nicht gar die Existenz der Menschheit – unter Umständen davon abhängen kann, daß ein »wahres Bewußtsein« erreicht wird, an dem Individuen und Gruppen teilhaben können, die zu den unterschiedlichsten Gesellschaften und Kulturen gehören. Von dem hier eingenommenen Standpunkt aus soll deshalb darauf hingewiesen werden, daß der Versuch, eine Logik der Geschichte zu entdecken, mehr war als ein eitles Spiel mit Begriffen; er entsprach einem praktischen Bedürfnis, das in unserer Zeit besonders dringlich ist, weil »die Erde kleiner geworden ist« und historisch verschiedene und unvergleichbare Kulturen aufeinanderstoßen. Da diese Zusammenstöße erfahren werden als ideologische Konflikte zwischen Menschen mit unterschiedlichen und unvereinbaren Zielsetzungen, bleibt es dem kritischen Intellekt aufgegeben, Denkweisen zu entwickeln, welche die Menschen befähigen, das ihren Divergenzen zugrunde liegende gemeinsame Ziel zu erkennen.

In dieser Perspektive erscheint die Wandlung, die der Ideologiebegriff durchgemacht hat, als ein Indiz für die Spannung zwischen dem tatsächlichen Geschichtsprozeß und einem kritischen Bewußtsein, das von der Tradition des klassischen Rationalismus zehrt. In der Form, wie er im 18. Jahrhundert entwickelt wurde, stellte der Begriff eine implizite Gesellschaftskritik vom Standpunkt des Frühliberalismus dar – von einem Standpunkt, der selbst insofern »historisch« war, als er die für eine bestimmte Phase der europäischen Geschichte spezifischen gesellschaftlichen Verhältnisse als selbstverständlich (und deshalb als »natürlich«) betrachtete.[77] Diese naive Gewißheit ging in und nach der Französischen Revolution verloren, die insofern einen Wendepunkt bedeutete, als die Kritik bestehender (überlieferter, aber zerfallender und daher offenbar irrationaler) Institutionen nicht mehr im Namen scheinbar selbstevidenter Prinzipien vorgetragen werden konnte. Es zeigte sich nämlich, daß die neuen Institutionen, die für sich in Anspruch nahmen, mit der Vernunft übereinzustimmen, lediglich im Sinne des besonderen historischen Zweckes, dem sie dienten, rational waren: Die Emanzipation des Dritten Standes ließ sich nicht auf die Dauer gleichsetzen mit der Verwirklichung einer natürlichen Ordnung, die als die Verkörperung der absoluten Vernunft ge-

---

77 Jürgen Habermas, *Theorie und Praxis: Sozialphilosophische Studien,* Neuwied 1963, passim. Der positivistische Standpunkt wird neuerlich verteidigt von Arnold Gehlen, *Studien zur Anthropologie und Soziologie,* Neuwied 1963, passim. Siehe wegen einer Kritik des Positivismus von einem neuhegelianischen Standpunkt aus Herbert Marcuse, *Der eindimensionale Mensch,* Neuwied 1967, passim. Für eine kritische Betrachtung des neomarxistischen Standpunktes vgl. Morris Watnick, *Relativismus und Klassenbewußtsein: Georg Lukács,* in: *Der Revisionismus,* herausgegeben von Leopold Labedz, Köln-Berlin 1966, Seite 189 ff.

dacht wurde. Folgerichtig wich das Gleichgewicht, das vorübergehend um 1800 sich einstellte, einer wachsenden Skepsis gerade gegenüber der »Ideologie«, deren ursprüngliche Verfechter die Naturgeschichte der Ideen hatten nachzeichnen wollen. In Hegels Philosophie, die unmittelbar aus dem Bedürfnis entstand, den Sinn der Revolution zu begreifen, tritt ansatzweise bereits die Vorstellung auf, daß Formen des Bewußtseins von sich wandelnden historischen Situationen abhängig seien. Das Ganze ist sozusagen in seiner Allgemeinheit zu rekonstruieren aus der vollständigen Abfolge der historischen Verfestigungen, zu denen u. a. auch die bewußten (subjektiven) Zwecke der jeweils lebenden Individuen gehören. Diese Zwecke erscheinen jetzt als ein unbewußtes Mittel zur Verwirklichung eines verborgenen Zweckes; sie sind »ideologisch« in einem von den ursprünglichen *idéologues* nicht intendierten Sinne geworden.

Das ist der Ideologiebegriff, den Marx von Hegel übernahm. Er benutzte ihn, um den Allgemeinheitsanspruch der liberalen Ideologie zu erschüttern, die ihm bei seinem Übergang von der Philosophie zur Politik im Wege war. Gleichzeitig bewahrte er aber den rationalistischen Glauben an eine objektive Logik des historischen Prozesses, nunmehr verstanden als Prozeß der menschlichen Selbsterzeugung. Für Marx wie für jeden Hegelianer war die tatsächliche Welt der empirischen Wahrnehmung lediglich eine unvollkommene Verwirklichung – gelegentlich sogar eine Karikatur – der vernünftigen Welt, in der die wahre Natur des Menschen (seine Rationalität) das verdinglichte Dasein überwunden haben wird, das er führt, solange die ihn umgebende Objektwelt nicht als das Produkt seiner eigenen schöpferischen Tätigkeit erkannt wird. Die Erreichung dieses befreiten Zustandes ist das Werk der Geschichte, deren Dialektik nicht durch die empirische Beobachtung enthüllt wird, sondern durch die kritische (philosophische) Reflexion des Prozesses in seiner Totalität. Ein auf isolierte Aspekte dieser Totalität fixiertes Verständnis muß notwendig das Ziel der philosophischen Vernunft verfehlen. Es ist doppelt *ideologisch* insofern, als es die verdinglichten Strukturen der unmittelbaren Erfahrung für permanente Bestandteile der Realität nimmt. Es betrachtet solche Phänomene wie Krieg, Armut, Klassenkonflikt usw. als ständige Erscheinungen der Geschichte statt als vorübergehende Objektivationen des allmählichen und schmerzhaft langwierigen Hervortretens der Menschheit aus der Natur. So verstanden, erhält der Ideologiebegriff sein ursprüngliches Pathos zurück: Er wird jetzt gebraucht, um die Vergänglichkeit jener Einrichtungen aufzuzeigen, die – so irrational sie selbst sein mögen – doch der Rationalität des Ganzen dienen.

Erst als diese Dimension verloren geht, hört »Ideologie« auf, ein *falsches Bewußtsein* zu bezeichnen, und wird gleichbedeutend mit einem jeglichen Bewußtsein, das sich in irgendeine Beziehung bringen läßt zum Tun und Treiben einer Klasse oder Gruppe, die noch von einer praktischen Bedeutung ist. Das ist der Ideologiebegriff des modernen Positivismus. Auch wenn er praktisch nur von begrenzter Relevanz ist, so sollte das nicht den Blick dafür verstellen, daß er unvereinbar ist mit der (letztlich auf das klassische Denken zurückgehenden) intellektuellen Tradition, die gemein ist, wenn man von der Philosophie der Geschichte spricht. Diese Philosophie erwuchs aus einem Komplex von theoretischen und praktischen Problemen, den die ersten »Ideologen« und ihre Vorläufer im 18. Jahrhundert erkannten, als sie ein rudimentäres Modell der Weltgeschichte entwarfen. Was sie im Grunde interessierte, war die zunehmende Rationalität und die Unterwerfung des »natürlichen« Chaos unter eine bewußte Kontrolle. Seine theoretische Sprache vermochte den pragmatischen Charakter dieses Unternehmens niemals vollständig zu verschleiern. Es war von Anfang an ein Versuch, der Welt unter Berufung auf die »Natur« des Menschen eine ideale Ordnung aufzuzwingen. Ob es gelingt oder nicht, hing und hängt ab von der Kraft der Vernunft, den Schleier der Illusionen zu zerreißen und die bleibenden Realitäten des menschlichen Daseins zu erkennen. Die Implikationen des Ideologiebegriffes zu verstehen, bedeutet also zugleich, jene geschichtliche Vorstellungskraft anzuwenden, durch die wir unsere Vorgänger zu erkennen vermögen als Menschen, die beteiligt sind an einem Vorhaben, dessen Ausgang auch uns betrifft. In der Sprache Hegels, wo der letzte Begriff den Inhalt aller vorangegangenen Begriffe in sich bewahrt und aufhebt, können wir sagen, daß die Einigung und Befriedung der Welt (wenn sie erreicht werden kann) beweisen wird, daß die Geschichte tatsächlich eine konkrete Allgemeinheit ist. Denn erst auf dieser Stufe wird das, was man Weltgeschichte nennt, gleichbedeutend mit dem kollektiven Heraustreten der Menschheit aus dem Naturzustand. Worin sie sich auch sonst unterscheiden mögen – diese Perspektive haben der Liberalismus und der Marxismus gemeinsam.

1965

Die orientalische Despotie

I.

Seit im Jahre 1957 das bedeutende Werk Karl A. Wittfogels über die orientalische Gesellschaft erschien[1], ist in akademischen Kreisen nach und nach zur Kenntnis genommen worden, daß in der marxistischen Soziologie ein Problem existiert, das mit den Anschauungen von Marx und Engels über die asiatische Gesellschaft und mit der allmählichen Preisgabe dieser Anschauungen in der Sowjetunion vornehmlich während der stalinistischen Ära zu tun hat. Im folgenden möchte ich davon ausgehen, daß die allgemeine Auffassung der Sowjets in diesen Fragen bekannt ist, wobei ich selbstverständlich den Vorbehalt mache, daß ich die möglichen Auswirkungen einer durchgreifenden Entstalinisierung oder gar eines offenen Konflikts zwischen der UdSSR und China auf den Bereich der Theorie nicht vorhersagen kann. Eine partielle Rückkehr zum ursprünglichen Leninismus im Unterschied zum Stalinismus ist eine Möglichkeit, die in Betracht gezogen werden muß; doch würde aus Gründen, die an dieser Stelle nicht ausgeführt werden können, selbst damit nicht viel zu einer Wiederherstellung des authentischen Marxschen Ansatzes beigetragen, ganz zu schweigen von einer kritischen Interpretation der Schriften von Marx und Engels zum Thema der asiatischen Gesellschaft. Der Leser, der am Leninismus als vom Marxismus unterschiedene Theorie interessiert ist, muß an Wittfogel verwiesen werden.[2]

---

1 *Oriental Despotism: A Comparative Study of Total Power*, New Haven, London, New York 1957. Deutsche Ausgabe: *Die orientalische Despotie. Eine vergleichende Untersuchung totaler Macht*, Köln/Berlin 1962.

2 A.a.O., Seite 484 ff. Wegen einer einigermaßen intelligenten und zuverlässigen Neuformulierung des orthodoxen leninistischen Standpunktes

Es muß von Anfang an zugegeben werden, daß diese Unterscheidung nicht ganz unanfechtbar ist, insofern Lenin – zumindest bis 1917 – sich an den Marxschen Begriff der »asiatischen Gesellschaft« und der »asiatischen Produktionsweise« hielt. Es scheint jedoch, als hätte er selbst in den frühen Schriften, in denen er das zaristische Regime als halbasiatisch charakterisierte, diesen Begriff nicht eindeutig oder systematisch auf die dominierende Rolle der Bürokratie bezogen, sondern vielmehr dazu geneigt, die Bedeutung der Grundbesitzer übermäßig zu betonen oder sogar die zaristische Regierung als eine vom Landadel dominierte darzustellen. Das daraus sich ergebende Konglomerat von genuin theoretischen Konzeptionen und politischen Parolen hatte zum Bindemittel die Frage, ob Rußland, wie Lenin selbst verschiedentlich sagte, in die »Restauration ›unserer alten halbasiatischen Ordnung‹« oder »die Wiederherstellung halbasiatischer Zustände« zurückfallen würde. Man kann sagen, daß er sich des Problems bewußt war – sowohl als eines theoretischen Problems, das mit dem Charakter der orientalischen Gesellschaft zusammenhing, wie auch als einer praktischen Aufgabe für diejenigen, die mit Rußlands halbasiatischer Vergangenheit brechen wollten. Die Angelegenheit wurde zusätzlich kompliziert durch die Fraktionsauseinandersetzungen, in die er verwickelt war und die ihn gelegentlich dazu veranlaßten, gewisse Aspekte gegenüber anderen hervorzuheben. So war er 1905 durchaus bereit, eine bürgerliche Entwicklung zu befürworten, ja er meinte sogar, daß die Revolution von 1905, sollte sie mit ihren sozialökonomischen Um-

vgl. die Einführung zu *Marx on China 1853–1860*, hrsg. v. Donar Torr. Wer interessiert ist an einem Musterbeispiel dafür, wie im Unterschied zum – man könnte sagen – Anglo-Leninismus das Thema in sowjetischer Manier behandelt wird, der möge diese doktrinäre, aber zuverlässige Ausgabe vergleichen mit der unaufrichtigen und engsinnigen Einleitung zu der Auswahl der Schriften von Marx und Engels über Indien, die 1959 unter dem Titel *The First Indian War of Independence* vom Moskauer Institut für Marxismus-Leninismus herausgegeben wurde.

gestaltungen siegreich sein, »zum ersten Mal wirklich den Boden säubern werde für eine breite und schnelle europäische und nicht asiatische Entwicklung des Kapitalismus« in Rußland[3], wogegen er vom Jahre 1906 an eine Neigung zeigte, die »asiatische« Vorstellung zu verbessern und mehrdeutige Ausdrücke wie »mittelalterlich«, »patriarchalisch« und »vorkapitalistisch« zu verwenden.[4]

Im Jahre 1911 kam er in einem Kommentar zu den Schriften Tolstojs noch einmal auf das Thema zurück, und jetzt schrieb er, daß Rußland bis zur Revolution von 1905 ein Land gewesen sei, in dem »das orientalische System das asiatische System« überwog. Damit meint er offenbar nicht nur, daß Rußland bis dahin autokratisch regiert worden war, denn das hätte ebensogut für das Frankreich der Bourbonen und für Preußen vor 1848 gegolten; was er aber genau meinte, ist nicht klar, auch wenn er fortfuhr, die Erhebung des Jahres 1905 sei »der Anfang vom Ende der ›orientalischen‹ Stagnation« gewesen, was darauf hindeutet, daß er sich in Vorstellungen bewegte, die für Marxisten damals üblich waren.

Das Gegenteil von »Stagnation« ist »Bewegung«, und die meisten Sozialisten pflegten damals – darin Marx folgend – die kapitalistische Form des Fortschritts mit Einschränkungen zu billigen, wobei sie diese allerdings nicht idealisierten und ihre katastrophalen Wirkungen auf die rückständigen Länder und die ausgebeuteten Klassen betonten. Die Wurzeln dieser Einstellung lassen sich eindeutig auf das *Kommunistische Manifest* zurückführen, in dem festgestellt wird, daß der Kapitalismus »alle Chinesischen Mauern in den Grund schießt«

---

3 Lenin, *Zwei Taktiken der Sozialdemokratie in der demokratischen Revolution,* Berlin 1952, Seite 69.
4 Wittfogel, a.a.O., S. 490. In einem 1907 verfaßten Pamphlet benutzte er sogar den Ausdruck »Staatsfeudalismus«, der offenbar ein Jahr zuvor von seinen menschewistischen Gegenspielern geprägt worden war, um den besonderen Charakter der russischen Mittelalterlichkeit zu bezeichnen.

und »alle Nationen zwingt, die Produktionsweise der Bourgeoisie sich anzueignen, wenn sie nicht zugrunde gehen wollen«.⁵ Die Erwähnung der »chinesischen Mauern« ist kaum zufällig: Als Marx das *Manifest* entwarf, hatte gerade der erste Opiumkrieg stattgefunden, und in der eben zitierten Passage findet sich eine charakteristische Bemerkung über »den hartnäckigsten Fremdenhaß der Barbaren«, den »die Bourgeoisie« auf ihrem unaufhaltsamen Marsch zur Weltherrschaft überwinden muß, auf dem sie »alle, auch die barbarischsten Nationen in die Zivilisation reißt«. Was auch immer er über die Mittel dachte, durch welche dieses Resultat erzielt worden war – im Jahre 1848 war Marx nicht bereit, die Unterscheidung zwischen der östlichen Barbarei (oder »Stagnation«) und dem westlichen Fortschritt (»Zivilisation«) in Zweifel zu ziehen.

II.

Wenn wir uns den Schriften zuwenden, die Marx – teilweise unter Mitwirkung von Engels – in den frühen 1850er Jahren verfaßte, so stoßen wir auf die gleiche ambivalente Haltung gegenüber dem »Fortschritt«, die bereits das *Manifest* charakterisiert hatte, allerdings mit einem besonderen Akzent, der daher rührt, daß die beiden Männer damals in England lebten und sich in einer führenden amerikanischen Zeitung über die britischen Kolonialangelegenheiten äußerten.⁶ Auch

5 Karl Marx, *Der historische Materialismus,* herausgegeben von S. Landshut und J. Meyer, Leipzig 1932, Band 2, Seite 580.
6 Vgl. *Marx on China;* es gibt noch immer keine englischsprachige Ausgabe der zahlreichen Artikel, die Marx und Engels für die *New York Daily Tribune* (im folgen NYDT abgekürzt) zwischen 1852 und 1862 verfaßt haben. Die von Rjazanow besorgte zweibändige Ausgabe (*Gesammelte Schriften von Karl Marx und Friedrich Engels 1852-62*, Stuttgart 1920) umfaßt nur die ersten vier Jahre jener Periode; die DDR-Ausgabe der *Gesammelten Werke* bringt den vollständigen Text, allerdings nicht in der englischen Originalversion, sondern in einer umständlichen deutschen Übersetzung, die mit Vorsicht zu behandeln ist.

wenn man gerade das bei den sowjetischen Herausgebern ihrer Werke nicht findet, so befanden sich ihre kritischen Äußerungen über die britische Herrschaft in Indien und über das Verhalten der britischen Regierung gegenüber China im wesentlichen in Übereinstimmung mit dem »bürgerlichen« Radikalismus jener Zeit und nahmen in mancher Hinsicht vorweg, was später in Amerika an Antikolonialismus artikuliert wurde. Aus Gründen, die mit seinem theoretischen Ansatz kaum etwas zu tun hatten, klangen Marxens bissige Bemerkungen über die britische Kolonialpolitik seinen amerikanischen Lesern wohl im Ohr. In mancher Beziehung war er freilich der britischen Herrschaft gegenüber nachsichtiger als sie, da er zu der Auffassung neigte, langfristig würde der Kapitalismus sich vorteilhaft auf die orientalische Gesellschaft auswirken, während der Kurs der *Tribune* eine antiindustrielle Tendenz erkennen ließ, die er nicht teilte. So schreibt er etwa am 14. Juni 1853 an Engels: »Die ›Tribune‹ posaunt natürlich Careys Buch mit vollen Backen aus. Beide haben allerdings das gemeinsame, daß sie unter der Form von sismondisch-philantrophisch-sozialistischem Antiindustrialismus die schutzzöllnerische, d. h. die industrielle Bourgeoisie in Amerika vertreten. Das ist auch das Geheimnis, warum die ›Tribune‹ trotz aller ihrer ›isms‹ und sozialistischen Flausen ›leading Journal‹ in den United States sein kann. [...] Ich habe diesen versteckten Krieg fortgesetzt in einem ersten Artikel über Indien, worin die Vernichtung der heimischen Industrie durch England als *revolutionär* dargestellt wird. Das wird ihnen sehr shocking sein.«[7] Hier wird Bezug genommen auf einen Artikel mit dem Titel *Die britische Herrschaft in Indien,* der am 25. Juni 1853 in der *Tribune* erschien[8] und in

7 Marx/Engels, *Werke,* herausgegeben von D. Rjazanow, Abteilung 3, Band 1, Frankfurt 1926, S. 485 ff. (im folgenden *MEGA*).
8 Vgl. *Die britische Herrschaft in Indien,* Marx/Engels, *Gesammelte Werke,* Berlin 1960, Band 9, S. 127 ff.; *The first Indian War of Independence 1857-1859,* Moskau 1959, London 1960, S. 14 ff.; zitiert wird nach der

dem Marx zum ersten Mal eine wohldurchdachte Meinung über die Natur der orientalischen Gesellschaft äußerte. Es ist amüsant, daß einer der entscheidenden Gedanken dieses bedeutenden Artikels angeregt worden war durch eine hingeworfene Bemerkung von Engels. In einem Brief an Marx vom 6. Juni 1853, der sich allgemein mit der Geschichte des Orients befaßte[9], hatte Engels angedeutet, daß »die Regierung im Orient« »immer auch nur drei Departments [hatte]: Finanzen (Plünderung des Inlands), Krieg (Plünderung des Inlands und des Auslands) und travaux publics, Sorge für die Reproduktion. Die britische Regierung in Indien hat Nr. 1 und 2 etwas philiströser geregelt und Nr. 3 ganz beiseite geworfen, und der indische Ackerbau geht zugrunde.« Marx übernahm diese Bemerkungen in seinem Artikel und skizzierte, wie er sich die Entstehung der orientalischen Gesellschaft und der »asiatischen Produktionsweise« dachte: »Klima- wie Bodenverhältnisse, namentlich die ungeheuren Wüstenstriche, die sich von der Sahara über Arabien, Persien, Indien und die Tatarei bis zu den höchsten Hochebenen Asiens erstrecken, machten die künstliche Bewässerung durch Kanäle und Wasserwerke zu einer Grundlage orientalischer Landwirtschaft. [...] Die unbedingte Notwendigkeit einer sparsamen und ökonomischen Wasserausnutzung, die im Westen, wie in Flandern und Italien, Privatunternehmen zu freiwilligem Zusammenschluß nötigte, bedingte, im Orient, wo die Zivilisation zu tief stand [sic] und die Flächenausdehnung zu groß war, um eine freiwillige Vereinigung ins Leben zu rufen, das Eingreifen der zentralisierenden Regierungsmacht.«[10]

letzteren Ausgabe, die vermutlich den Originaltext wiedergibt; vgl. auch das Faksimile gegenüber S. 128 der Berliner Ausgabe. (Hier wird natürlich nach der deutschen Ausgabe zitiert. A. d. Ü.)
9 Marx/Engels, *Selected Corespondence*, Moskau 1956, S. 99 ff.; vgl. *MEGA*, Abt. 3, Band 1, S. 480 ff. wegen des vollständigen Wortlauts.
10 Karl Marx, *Politische Schriften*, 1. Band, Stuttgart 1960, S. 548.

Für Marx und Engels hing diese Tatsache (»das die Hindus, gleich allen orientalischen Völkern, es der Zentralregierung überließen, für umfassende öffentliche Arbeiten [...] zu sorgen«) mit einem Umstand zusammen, den Marx in demselben Artikel erwähnte, daß nämlich die Bevölkerung über das ganze Land verstreut und »durch häusliche Vereinigung landwirtschaftlicher und handwerklicher Arbeit nur zu kleinen Zentren zusammengefaßt«, d. h. in sich selbst regierenden Dörfern organisiert war; diese kleinen Zentren nun, »so harmlos sie auch erscheinen mögen, [haben] seit je her die feste Grundlage des orientalischen Despotismus gebildet«, und ihre Bewohner waren gegenüber allem, was um sie herum vorging, völlig gleichgültig, ob es sich nun um die Niedermetzelung der Bevölkerung ganzer großer Städte oder um auswärtige Aggression handelte.[11] Diese Passivität war es in erster Linie, die den Despotismus ermöglicht hatte. Wie aber war »dieses würdelose, unbewegliche und vegetative Dasein, diese passive Existenz« entstanden? Im Briefwechsel wird eine Antwort angedeutet. Am 2. Juni 1853 bemerkt Marx zu den im 18. Jahrhundert erschienenen *Travels containing a Description of the Dominions of The Great Mogul* von François Bernier: »Bernier findet mit Recht die Grundform für sämtliche Erscheinungen des Orients – er spricht von Türkei, Persien, Hindustan – darin, daß *kein Privateigentum* existierte. Dies ist der wirkliche clef selbst zum orientalischen Himmel.«[12] Und Engels bestätigt dieses Urteil in seinem Antwortbrief vom 6. Juni: »Die Abwesenheit des Grundeigentums ist in der Tat der Schlüssel zum ganzen Orient. Darin liegt die politische und religiöse Geschichte. Aber woher

11 Vgl. Marx an Engels, 14. Juni 1853, *MEGA* Abt. 3 Bd., 1, S. 487: »Ich glaube, daß man sich keine solidre Grundlage für asiatischen Despotismus in Stagnation denken kann. Und so sehr die Engländer das Land irlandisiert haben, das Aufbrechen dieser stereotypen Urformen war die conditio sine qua non für Europäisierung.«
12 Vgl. *MEGA*, III/1, S. 477.

kommt es, daß die Orientalen nicht zum Grundeigentum kommen, nicht einmal zum feudalen? Ich glaube, es liegt hauptsächlich im Klima, verbunden mit den Bodenverhältnissen, speziell mit den großen Wüstenstrichen. [...] Die künstliche Bewässerung ist hier die erste Bedingung des Ackerbaus, und diese ist Sache entweder der Kommunen, Provinzen oder der Zentralregierung.« Hier schließen sich die bereits zitierten Bemerkungen über den Charakter der Regierung im Orient an, die Marx in seinem Artikel verwendete.

In diesem Stadium sind sich Marx und Engels also einig, daß es erstens keinen orientalischen Feudalismus gibt; zweitens seine Abwesenheit gleichbedeutend ist mit der Nichtexistenz privaten Grundeigentums, die wiederum auf klimatische Bedingungen zurückzuführen ist; drittens die zentralisierte orientalische Despotie aus der Notwendigkeit künstlicher Bewässerung hervorging; viertens die gewaltsame Zerstörung des Systems durch die Engländer – wie sie auch immer motiviert sei – die Voraussetzungen für »Fortschritt« im westlichen Sinne schafft, wenn auch mit ungeheuren Kosten. Marx stellt in seinem Artikel das geschichtliche Problem in hegelianischer Manier philosophisch: »Kann die Menschheit ohne eine fundamentale soziale Revolution in Asien ihrer Bestimmung Genüge leisten? Vermag sie es nicht, so war England, welches seine Verbrechen auch gewesen sein mögen, bei der Herbeiführung dieser Revolution nur das unbewußte Werkzeug der Geschichte.« Das ist in unserem Zusammenhang unwichtig – außer daß es die Erklärung für seine Bereitschaft liefert, die Zerstörung des Handwerks in Indien zu den »faux frais« der Geschichte zu zählen. Das wahre theoretische Problem liegt anderswo. Wenn Marx in einem späteren Artikel über Indien[13] die Zeit voraussieht, da die Inder »die Früchte der durch die britische Bourgeoisie unter sie verstreuten Elemente einer neuen Gesellschaft [...] ernten« werden,

13 NYDT, 8. August 1853; vgl. Karl Marx, *Politische Schriften*, 1. Bd., Stuttgart 1960, S. 565 ff.

ist er nur »fortschrittlich« auf eine Weise, die heute jedem asiatischen Nationalisten gestattet, ihm zuzustimmen, zumal er diese Zeit auch dadurch charakterisiert, daß »die Hindus selbst genügend erstarkt sein werden, um das englische Joch ein für allemal abzuschütteln«. Wäre Marx nur irgendein »Fortschrittler« des 19. Jahrhunderts gewesen, dann wären seine Auffassungen keiner besonderen Beachtung wert. Was aber – das ist die Frage – kann man mit seinen verstreuten und unsystematischen Erkenntnissen über die »orientalische Gesellschaft und die asiatische Produktionsweise« anfangen?

Bevor wir uns diesem Thema zuwenden, sollten wir vielleicht die Darstellung der Tatsachen ergänzen durch einige Zitate, in denen Marx zu jener Zeit, d. h. in den fünfziger Jahren, zu China Stellung nimmt. Wenig Gewicht ist in diesem Zusammenhang seiner (oder Engels') Prophezeiung zuzuschreiben, daß eine Zeit kommen wird, in der die letzten europäischen Reaktionäre sich nach Asien flüchten und schließlich an der großen chinesischen Mauer ankommen, jener uralten Bastion des Konservativismus, und auf ihren Pforten die schrecklichen Worte finden werden: »Republique chinoise – Liberté, Egalité, Fraternité«.[14] Wenn diese Bemerkung irgend etwas beweist, so dies, daß »die Revolution« für Marx und Engels um das Jahr 1850 mehr oder weniger das gleiche bedeutete wie für ihre übrigen demokratischen Zeitgenossen.[15] Mit einer gewissen Herablassung notieren sie: »Der chinesische Sozialismus mag sich nun freilich zum europäischen verhalten, wie die chinesische Philosophie zur Hegelschen. Es ist aber immer ein ergötzliches Faktum, daß das älteste und unerschütterlichste Reich der Erde durch die Kattunballen der englischen Bourgeoisie in acht Jahren an den Vorabend einer gesellschaftlichen Umwälzung gebracht wor-

14 *Neue Rheinische Zeitung,* London, 31. Januar 1850 (Neudruck in Buchform, Berlin 1955, S. 121).
15 Ebenda.

den ist, die jedenfalls die bedeutendsten Resultate für die Zivilisation haben muß.«[16] Daß Marx und Engels diese Aussicht sowohl »ergötzlich« als auch unausweichlich fanden, bezeugt nicht nur ihre Selbstsicherheit und Überlegenheit, die sie mit den meisten Europäern teilten, sondern auch ihre geistige Herkunft von Hegel, der in seinen Vorlesungen über die Weltgeschichte ein nicht gerade schmeichelhaftes Bild vom »Reich des Himmels« gezeichnet hatte.[17]

Immer wenn Marx Gelegenheit hatte, das vermutliche Schicksal einer uralten, nunmehr stagnierenden Zivilisation zu erörtern, wurde deutlich, daß er im Grunde Hegelianer war – etwa in der Schlußpassage eines seiner Artikel über China aus den späten fünfziger Jahren: »Während der Halbbarbar das Prinzip der Moral vertrat, stellte ihm der Zivilisierte das Prinzip des Mammons entgegen. Daß ein Riesenreich, das nahezu ein Drittel der Menschheit umfaßt, das trotz des Fortschreitens der Zeit dahinvegetiert, durch künstliche Abkapselung vom allgemeinen Verkehr isoliert ist und es deshalb zuwege bringt, sich mit Illusionen über seine himmlische Vollkommenheit zu täuschen –, daß solch ein Reich schließlich vom Schicksal ereilt wird in einem tödlichen Zweikampf, in dem der Vertreter einer veralteten Welt aus ethischen Beweggründen zu handeln scheint, während der Vertreter der überlegenen modernen Gesellschaft um das Privileg kämpft, auf den billigsten Märkten zu kaufen und auf den teuersten zu verkaufen – das ist wahrlich ein tragischer Abgesang, wie ihn seltsamer kein Dichter je ersonnen haben könnte.«[18]

Diesen elegischen Ton schlägt Marx wiederholt in den Schrif-

---

16 Ebenda.
17 Vgl. *Vorlesungen über die Philosophie der Weltgeschichte,* herausgegeben von Lasson, Leipzig 1920-1923, besonders Band I, S. 232 ff., II, S. 275 ff.
18 NYDT, 20. September 1858, ungezeichneter Letiartikel; vgl. Marx/Engels, *Werke,* Berlin 1961, Band 12, Seite 552.

ten an, in denen er sich während der Jahre 1858-1859 mit China befaßt, während die Alliierten damit beschäftigt sind, die chinesischen Häfen zu »öffnen«; erst gegen Ende dieser Periode jedoch – nunmehr um den Entwurf seines ökonomischen Hauptwerkes ringend, nachdem die *Kritik der politischen Ökonomie* bereits abgeschlossen ist – zieht er die Fäden seines theoretischen Arguments zusammen: »Es ist diese gleiche Einheit von Landwirtschaft und handwerklicher Industrie, die lange Zeit dem Export britischer Waren nach Ostindien widerstand und ihn immer noch hemmt; aber dort beruhte diese Einheit auf den besonderen Grundbesitzverhältnissen, die die Briten in ihrer Machtstellung als oberste Grundherren dieses Landes unterminieren konnten und auf diese Weise einen Teil der sich selbst erhaltenden hindustanischen Gemeinschaften gewaltsam in bloße Farmen verwandelten, die im Austausch für britische Stoffe Opium, Baumwolle, Indigo, Hanf und andere Rohstoffe produzieren. In China haben die Engländer diese Macht noch nicht ausüben können, und es wird ihnen wahrscheinlich auch niemals gelingen.«[19] Offenbar ist die orientalische Gesellschaft etwas Komplexeres als ein System von Kanälen; sie hat einerseits zu tun mit der zentralen Regulierung der grundlegenden ökonomischen Funktionen und andererseits mit der Vorherrschaft der selbstgenügsamen Dorfwirtschaft. Wie wir aber schon früher gesehen haben, muß der Schlüssel zu ihr in der »Abwesenheit des privaten Grundeigentums« gesucht werden.

III.

Im Vorwort zur *Kritik der politischen Ökonomie,* das er im Januar 1859 verfaßte, gab Marx zum ersten (und letzten) Mal eine Zusammenfassung seiner Methode, welche exakt

19 NYDT, 3. Dezember 1959; Marx/Engels, *Werke,* Berlin 1961, Band 13, S. 544.

das Verhältnis anzeigt, in dem der ökonomische Prozeß (»die Produktionsweise des materiellen Lebens«) zum geschichtlichen Prozeß insgesamt steht; dort, zum Abschluß der mittlerweile klassischen Formulierung der »materialistischen Geschichtsauffassung«, führt er auch die vier historischen Etappen ein: »In großen Umrissen können asiatische, antike, feudale und modern-bürgerliche Produktionsweisen als progressive Epochen der ökonomischen Gesellschaftsformation bezeichnet werden.«[20] Nie wieder sollte er mit einem ähnlichen Maß an Sicherheit jenen Gesellschaftsformen ihre Stellung zuweisen, deren charakteristische Merkmale in bestimmten Epochen der überlieferten Geschichte verkörpert waren. Allerdings hat er den im Vorwort dargelegten allgemeinen Standpunkt auch nie verlassen oder wesentlich verändert. (Die von Engels im *Anti-Dühring* und im *Ursprung der Familie* eingeführten Einschränkungen sind meines Erachtens nicht von grundlegender Bedeutung.[21]) Es gibt vier (und nur vier) bedeutende historische Epochen, von denen die asiatische die erste ist und jede einer bestimmten Gesellschaftsordnung entspricht, die ihrerseits die Grundlagen für die folgende Epoche schafft. Diese beiden Aspekte hängen eng miteinander zusammen, müssen aber trotzdem zum Zweck der Analyse gesondert betrachtet werden.

Um mit der gesonderten Betrachtung der »asiatischen Weise« zu beginnen: Wir haben schon gesehen, welche Merkmale sie auszeichnen könnten. Engels hatte – so unsystematisch, wie er vorging – auf zwei Merkmale hingewiesen: die klimatischen

20 Karl Marx, *Werke*, Stuttgart 1964, Band 6, Seite 840. Die (englische d. Ü.) Übersetzung vermag den Hegelianischen Ton des Originals nicht zu vermitteln. Da es eine stilistische Unmöglichkeit ist, das Hegelsche Denken über die Weltgeschichte exakt auf Englisch wiederzugeben, bleibt uns nur festzustellen, daß Marx Hegel nicht nur mit der Unterscheidung von vier Hauptepochen der Weltgeschichte, sondern auch in dem unerschütterten Europazentrismus folgt, mit dem er sich über die drei vorangegangenen Epochen äußert.
21 Siehe wegen einer abweichenden Auffassung Wittfogel, a.a.O., S. 476 ff.

Verhältnisse und die durchgängigen Gepflogenheiten einer orientalischen Regierung. Marx erweiterte diese Hinweise zu einem System, in dem er den spezifischen Charakter der orientalischen Gesellschaft auf die Abwesenheit von privatem Grundbesitz zurückführte.[22] Er führte das mit dem Hinweis, daß der Staat unter dem »asiatischen System« der »wirkliche Grundbesitzer« sei, auf die überragende Rolle der Zentralregierung zurück.[23] Was das Privateigentum am Boden betrifft, so werden wir nicht im Zweifel darüber gelassen, was Marx von seiner Bedeutung für die Auflösung der »asiatischen Produktionsweise« denkt, da er es im dritten und letzten seiner Artikel über die britische Herrschaft in Indien, die er für die *Tribune* verfaßte, ausdrücklich als etwas bezeichnet, wonach »die asiatische Gesellschaft so lechzt«[24], so daß die indischen Steuersysteme des *Zemindare* und *Ryotware*, »so abscheulich sie an sich auch sein mögen«, immerhin als ein Schritt zur Emanzipation der indischen Gesellschaft betrachtet werden müssen. Welche Rolle spielte nun der Staat? Daß er in Asien der »wirkliche Grundbesitzer« war, daran zweifelte Marx nie. Als Beweis haben wir die Stelle im *Ka-*

22 Engels' Vorstellung, daß sich in der orientalischen Gesellschaft »hauptsächlich wegen des Klimas« kein privater Grundbesitz entwickelte, ist eine Platitüde, die auf Hegel oder sogar auf Montesquieu zurückgeht – eines der zahlreichen Beispiele für seine Neigung, die gebräuchlichen Erklärungen nach dem Schema »Ursache und Wirkung« in der Art der Aufklärung zu verwenden. Dieser Punkt kann hier nicht weiterverfolgt werden; der Leser von Hegels *Vorlesungen,* Band I, S. 178 ff., wird rasch entdecken, woher Engels seine grundlegenden Vorstellungen über die orientalische Geschichte bezog. Marx, der zwar die gleiche Neigung hatte, den historischen Prozeß hegelianisch zu sehen, ließ sich jedoch, was die Fakten betrifft, von den klassischen Ökonomen bis einschließlich J. St. Mill und von den britischen Blaubüchern und anderen offiziellen und halboffiziellen Quellen informieren.
23 NYDT, 5. August 1853; vgl. Marx/Engels, *Werke,* Berlin 1961, Band 9, S. 218.
24 NYDT, 8. August 1853; vgl. Karl Marx, *Werke,* Stuttgart 1960, Band III/1, S. 567.

pital, Band 3, wo er von der Situation der unmittelbaren Produzenten spricht, bei denen es nicht Privatgrundeigentümer sind, »sondern [...] wie in Asien der Staat [ist], der ihnen direkt als Grundeigentümer und gleichzeitig Souverän gegenübertritt«.[25] Diese Merkmale der »asiatischen Gesellschaft« – die Kontrolle des Staates über den Produzenten und das fehlende Privateigentum an Boden – hängen wahrscheinlich mit der strategischen Rolle der Zentralregierung bei der Verwaltung des Bewässerungssystems zusammen; wie aber entsteht *geschichtlich* dieser komplexe Zusammenhang? Engels hat sich über solche schwierigen Fragen nie den Kopf zerbrochen, aber von Marx dürfen wir eine Antwort erwarten. Schauen wir uns an, inwiefern er eine Antwort gegeben hat.

Einen mittelbaren Hinweis liefert seine Beobachtung, daß dort, wo die kleinen Bauern »etwa wie in Indien [...] unter sich ein mehr oder minder naturwüchsiges Produktionsgemeinwesen bilden, [...] ihnen die Mehrarbeit für den nominellen Grundeigentümer nur durch außerökonomischen Zwang abgepreßt werden [kann], welche Form dieser auch immer annehme«.[26] Daran schließt sich die Bemerkung über den Staat in seiner Doppelrolle als Souverän und als Grundeigentümer an, wodurch Rente und Steuer zusammenfallen. Marx fährt fort: »Unter diesen Umständen braucht das Abhängigkeitsverhältnis politisch wie ökonomisch keine härtere Form zu besitzen als die, welche aller Untertanenschaft gegenüber diesem Staat gemeinsam ist. Der Staat ist hier der oberste Grundherr. Die Souveränität ist hier das auf natio-

25 Karl Marx, *Werke,* Stuttgart 1964, Band VI, Seite 634.
26 A.a.O., S. 634. Marx fügt hier die folgende Fußnote an: »Nach Eroberung des Landes war immer das nächste für die Eroberer, sich auch die Menschen anzueignen. Vgl. Linguet. Siehe auch Möser.« Es ist nicht ganz klar, ob sich das auf die indischen Verhältnisse bezieht oder ob es allgemein für alle Fälle gelten soll, in denen bäuerliche Eigentümer unter irgendeine Form nicht-ökonomischer Ausbeutung geraten.

naler Stufe konzentrierte Grundeigentum. Dafür existiert dann aber auch kein Privateigentum, obgleich sowohl Privat- wie gemeinschaftlicher Besitz und Nutznießung des Bodens.«[27] Weist das in Richtung einer Theorie der Eroberung oder einer anderen Form der politischen Machtergreifung, welche das Auftreten eines wirklichen »Privateigentums« am Boden verhindert und der unterworfenen bäuerlichen Bevölkerung lediglich »Besitz und Nutznießung« läßt? Das Verwirrende dabei ist, daß der unmittelbar folgende Satz lautet: »Die spezifische ökonomische Form, in der unbezahlte Mehrarbeit aus den unmittelbaren Produzenten ausgepumpt wird, bestimmt das Herrschafts- und Knechtschaftsverhältnis, wie es unmittelbar aus der Produktion selbst hervorwächst und seinerseits bestimmend auf sie zurückwirkt. Hierauf aber gründet sich die ganze Gestaltung des ökonomischen, aus den Produktionsverhältnissen selbst hervorgewachsenen Gemeinwesens und damit zugleich seine spezifische politische Gestalt.«[28] – Andere Teile dieses Kapitels befassen sich mit weiteren Formen der sozioökonomischen Abhängigkeit.[29]

Man muß sich stets vor Augen halten, daß der dritte Band des *Kapital* von Engels aus unvollendeten Entwürfen zusammengestellt wurde; aber auch, wenn man dies berücksichtigt, bleibt unklar, wie Marx sich die historische Genese eines Verhältnisses vorstellte, bei welchem der Staat als oberster Grundherr dem Bauern-Produzenten gegenübersteht. Allerdings macht er deutlich, daß ein echtes Privateigentum an Boden, das ja die Voraussetzung einer Feudalgesellschaft ist, durch die überragende Stellung des Staates ausgeschlossen wird. Wenn nach Marx (und Engels) etwas »den Orient« auszeichnet, so ist es diese Überlegenheit des Staates, welche die Grundeigentümer zu bloß »nominellen Grundherren«,

27 Ebenda.
28 A.a.O., S. 635.
29 Ebenda, S. 635-638.

wie Marx sie bezeichnet, werden läßt.[30] Es kann also im
Orient keinen wirklichen Feudalismus gegeben haben, jedenfalls nicht in Indien und China, den beiden Ländern Asiens,
mit denen Marx sich einigermaßen systematisch befaßte. Daß
er ihre Probleme als weitgehend ähnlich betrachtete, geht aus
einer Passage im *Kapital*, Band III, hervor, in der er den
Einfluß des europäischen Handels auf die Gesellschaften des
Ostens abhandelt: »Die Hindernisse, die die innere Festigkeit und Gliederung vorkapitalistischer, nationaler Produktionsweisen der auflösenden Wirkung des Handels entgegen-
setzt, zeigt sich schlagend im Verkehr der Engländer mit Indien und China. Die breite Basis der Produktionsweise ist
hier gebildet durch die Einheit kleiner Agrikultur und häus-
licher Industrie, wobei noch in Indien die Form der auf Gemeineigentum am Boden beruhenden Dorfgemeinden hinzu-
kommt, die übrigens auch in China die ursprüngliche Form
war. In Indien wandten die Engländer zugleich ihre unmittelbare politische und ökonomische Macht, als Herrscher und
Grundrentner, an, um diese kleinen ökonomischen Gemeinwesen zu sprengen. Soweit ihr Handel hier revolutionierend
auf die Produktionsweise wirkt, ist es nur, soweit sie durch
den niedrigen Preis ihrer Waren die Spinnerei und Weberei,
die einen uralt-integrierenden Teil dieser Einheit der indu-
striell-agrikolen Produktion bildet, vernichten und so die Gemeinwesen zerreißen. Selbst hier gelingt ihnen dieses Auf-
lösungswerk nur sehr allmählich. Noch weniger in China, wo
die unmittelbare politische Macht nicht zu Hilfe kommt. Die
große Ökonomie und Zeitersparnis, die aus der unmittelbaren Verbindung von Ackerbau und Manufaktur hervorgehen,

30 Aus dem Zusammenhang wird deutlich, daß dies sich auf die ursprünglichen Grundeigentümer vor der Eroberung Indiens bezieht und nicht nur
auf die *Zemindares*, wie man vielleicht daraus schließen könnte, daß Marx
diese als Steuereintreiber charakterisiert, die den unglücklichen bengali-
schen Bauern von der britischen Regierung aufgezwungen wurden (vgl.
NYDT, 5. August 1853).

bieten hier hartnäckigsten Widerstand den Produkten der großen Industrie, in deren Preis die faux frais des sie überall durchlöchernden Zirkulationsprozesses eingehen. Im Gegensatz zum englischen Handel läßt dagegen der russische die ökonomische Grundlage der asiatischen Produktion unangetastet.«[31] Diese Stelle ist insofern interessant, als sie zeigt, daß Marx in den 1860er Jahren, während er am *Kapital* arbeitet, auf das Thema seiner früheren Zeitungsartikel zurückkommt. Das tut er gleichfalls in einer Fußnote, in der er die »albernen (in der Praxis infamen) ökonomischen Experimente«, welche die Briten in Indien machen, gebührend verurteilt, wobei er sich insbesondere darauf bezieht, daß sie in Bengalen »eine Karikatur des englischen großen Grundeigentums« schufen.[32]

Wie wir jedoch gesehen haben, hatte er 1853 das Privateigentum am Boden als »das große Desiderat der asiatischen Gesellschaft« bezeichnet und ausdrücklich die *Zemindares* erwähnt. Es besteht hier selbstverständlich kein Widerspruch, wenn man berücksichtigt, daß für Marx das Aufbrechen der uralten Stagnation Indiens mit dem furchtbaren Preis der Ausbeutung und Entwurzelung zu bezahlen war. Wenn er aber im *Kapital* die Vergeblichkeit und den Widersinn dieser »ökonomischen Experimente« betont und zugleich auf die innere Festigkeit der überlieferten Sozialstruktur verweist, die auf der Einheit von Landwirtschaft und Handwerk beruht, so schlägt er damit doch einen anderen Ton an. Mit der Feststellung: »Im Nordwesten verwandelten sie [die Engländer],

31 A.a.O., S. 85 ff. Die einschränkende Anmerkung, die (1894, also fast dreißig Jahre, nachdem Marx diese Zeilen geschrieben hatte) von Engels hinzugefügt wurde, daß Rußland in der Zwischenzeit einen genuin kapitalistischen Handel entwickelt habe, trifft nicht den Kern des Arguments. Die sowjetische Übersetzung (Lichtheim benutzt die englischsprachige Moskauer Ausgabe des *Kapital* – A. d. Ü.) ist nicht nur von einer skandalös schlechten Qualität, sondern stellenweise direkt irreführend.

32 A.a.O., S. 85.

soviel an ihnen, das indische ökonomische Gemeinwesen mit Gemeineigentum am Boden in eine Karikatur seiner selbst«[33], scheint er sagen oder zumindest andeuten zu wollen, daß die indische Dorfgemeinde, wäre die Einmischung von außen nicht gewesen, sich vernünftiger hätte entwickeln können. Da ist weiterhin der flüchtige Hinweis auf die Ökonomie und Zeiteinsparung in der Kleinindustrie im Vergleich zu den »faux frais« der modernen Großindustrie – ein seit Fourier in der sozialistischen Literatur vertrauter Gedanke, den Marx indes normalerweise nicht sonderlich beachtete. Insgesamt scheint der Grundton dieser Passage seine bekannten Äußerungen über die Zukunftsaussichten der russischen Dorfgemeinde in den 1880er Jahren vorwegzunehmen – sie zeigt einen Anflug von »Volkstümelei«.[34]

Aus diesen Passagen darf meines Erachtens der Schluß gezogen werden, daß Marx zwar in den 50er Jahren dazu neigte, die fortschrittliche Rolle des westlichen Kapitalismus bei der Auflösung der orientalischen Stagnation zu betonen, in der Zeit jedoch, als er sein ökonomisches Hauptwerk entwarf, nicht mehr so sicher war, daß die traditionelle Gesellschaft keine positiven Faktoren enthielt. Man kann jedenfalls sagen, daß seine Einstellung um 1860 ambivalent geworden war. Er macht jetzt Äußerungen über die Stabilität der alten Dorfgemeinschaften, aus denen sich ablesen läßt, daß er in ihrer eigentümlichen Lebensweise einen wirklichen Vorzug erblickte. Gleichzeitig hatte sich seine Feindseligkeit gegenüber dem Kapitalismus verstärkt. Das muß festgehalten werden, um der geläufigen Auffassung entgegenzutreten, er habe um 1860 seinen früheren revolutionären Elan teilweise ein-

33 Ebenda.
34 Zu der Auffassung Lenins in dieser Frage, die natürlich für die allmähliche Loslösung des russischen Marxismus von seiner volkstümlerischen Vorform von zentraler Bedeutung war, siehe seine recht temperamentvolle Verteidigung des »wahren« Marx gegen die Narodniki (die natürlich den dritten Band des *Kapital* zitierten, wenn es ihnen paßte), in: *Die Entwicklung des Kapitalismus in Rußland,* Wien/Berlin 1929.

gebüßt. Wenn man bedenkt, daß er zuvor einer ziemlich jakobinischen Deutung der künftigen europäischen Revolution anhing, dann stimmt es, daß er in dem Grade ›gemäßigter‹ wurde, wie er zum Theoretiker einer wirklichen Arbeiterbewegung mit demokratischen Zielsetzungen wurde. Gleichzeitig verschärfte er jedoch seine Kritik an der bürgerlichen Gesellschaft und an der Wirkungsweise des Kapitalismus als ökonomisches System. Das *Mnaifest* hatte den triumphierenden Vormarsch des Kapitalismus gefeiert und paradoxerweise zugleich den künftigen Sieg des Proletariats verkündet. Als Marx das *Kapital* schrieb, interessierte er sich stärker für die Fabrikgesetzgebung als für die proletarische Revolution, doch machte ihn das nicht duldsamer gegenüber »dem System« – eher traf das Gegenteil zu. Der tolerante Ton ist verschwunden und dem einer uneingeschränkten Gegnerschaft und Verachtung gewichen. 1847 hatte sich die Bourgeoisie noch einen gewissen Beifall verdient, weil sie die »chinesischen Mauern« der Barbarei niederlegte; 1867 hingegen wird sogar die »asiatische Weise« eher günstig beurteilt, jedenfalls soweit es um die Dorfgemeinschaft geht, die als ein Bollwerk gegen den gesellschaftlichen Verfall gilt.

IV.

Hier besteht also gewissermaßen ein Bruch in seinem Denken. Die Schwierigkeit rührt nicht zuletzt daher, daß der im engeren Sinne historische Teil der Marxschen Theorie der orientalischen Gesellschaft sich in dem posthum veröffentlichten Entwurf zum *Kapital*, den sogenannten *Grundrissen*, findet.[35]

[35] *Grundrisse der Kritik der politischen Ökonomie (Rohentwurf) 1857-1858*, Berlin 1953; zuerst veröffentlicht in zwei Bänden, Moskau 1939-1941; ein Teil dieses Entwurfs (der über 1000 Druckseiten umfaßt) wurde von Marx durchgesehen und 1859 unter dem Titel *Zur Kritik der politischen Ökonomie* veröffentlicht; der größere Teil wurde seit 1863 umgearbeitet zum *Kapital*.

Bevor wir uns diesem Thema zuwenden, sollten wir vielleicht feststellen, in welchen Punkten Marx sich von seinen Vorgängern löst. Es gab eine bestimmte Auffassung des 18. und des frühen 19. Jahrhunderts von der asiatischen Gesellschaft, mit der Marx durchaus vertraut war. Sie wird kurz, aber bündig dargestellt im *Reichtum der Nationen,* und es ist aufschlußreich, daß Smith sich, wie Marx, auf die *Reisen* Berniers als Quelle bezieht.[36] Der Isolationismus und das mangelnde Interesse der Chinesen am Außenhandel mißfielen Schmith: »Bei ihrer jetzigen Verfahrungsart aber haben sie wenig Gelegenheit, sich nach dem Vorbilde anderer Nationen wie etwa der Japanesen, zu vervollkommnen«[37] – dies ist ein überzeugendes Beispiel historischer Weitsicht. Für Smith gehört China zusammen mit dem »alten Ägypten und Hindustan« zu *einer* Gruppe von Ländern, und er bemerkt, daß die Regierung in diesen beiden Ländern dem Kanalsystem sehr viel Beachtung schenkte.[38] Im übrigen stellt er fest, daß »die Herrscher Chinas, des alten Ägypten und der verschiedenen Königreiche, in welche Hindustan zu verschiedenen Zeiten geteilt gewesen ist, stets ihr gesamtes oder den weitaus größten Teil ihres Einkommens aus einer Art von Grundsteuer oder Rente bezogen haben. [...] Es war daher selbstverständlich, daß die Beherrscher jener Länder insbesondere die Interessen der Landwirtschaft beachtet haben, von deren Blüte oder Niedergang unmittelbar die Erhöhung oder Verringerung ihrer jeweiligen jährlichen Einnahmen abhing.«[39] An anderer Stelle heißt es: »So sollen die Beherrscher von China, von Bengalen zur Zeit der mohammedanischen Herrschaft

36 Vgl. *Wealth of Nations,* New York 1937, S. 688, wo der Titel von Berniers *Voyages contenant la description des états du Grand Mogol* usw., Amsterdam 1710, Mit *Voyages de François Bernier* wiedergegeben wird. – Die folgenden Zitate nach der deutschen Ausgabe: *Reichtum der Nationen,* Band II, Leipzig 1924.
37 A.a.O., S. 275.
38 A.a.O., S. 646.
39 A.a.O., S. 647.

und vom alten Ägypten äußerst sorgfältig darauf bedacht gewesen zu sein, gute Straßen und schiffbare Kanäle anzulegen und zu unterhalten, um so viel wie möglich die Menge und den Wert aller Landesprodukte zu erhöhen.«⁴⁰ Er erwähnt ferner »den Verlust des Staates durch die Mißbräuche und Unterschleife der Steuereinnehmer« und das Interesse »der Mandarinen und anderen Steuereinnehmer« an der Aufrechterhaltung des Systems der Naturalzahlung, das ihnen gestattete, die Bauern auszuplündern und die Zentralregierung zu betrügen.⁴¹

Wir haben hier also die Elemente zu einer Theorie der orientalischen Gesellschaft; man kann freilich nicht sagen, daß Smith viel daraus macht. Er begnügt sich mit der Aufzählung verschiedener Merkmale der indischen bzw. chinesischen Administration, doch untersucht er nicht, inwiefern sie ein geschlossenes System darstellen. In der auf Smith folgenden Generation finden wir James Mill, der in seiner *History of British India* (1820) von einem »asiatischen Modell der Regierung«⁴² spricht, während John St. Mill bereits den Ausdruck »orientalische Gesellschaft« im Unterschied zur europäischen Gesellschaft verwendet.⁴³

Marx kannte alle diese Autoren. Inwiefern nun sagt er etwas anderes als sie? Hauptsächlich insofern, wie mir scheint, als er ihre Hinweise zu einer Theorie ausweitet, die zugleich historisch und soziologisch ist.⁴⁴ Die Theorie ist leider nirgend-

40 A.a.O., S. 789.
41 A.a.O., S. 790.
42 Band I, S. 175 ff.
43 *Principles of Political Economy*, 1909, S. 20; insgesamt bevorzugt Marx den Ausdruck »asiatische Gesellschaft«, der wahrscheinlich zum ersten Mal von Richard Jones gebraucht wurde in: *An Essay on the Distribution of Wealth*, 1831; vgl. Wittfogel, a.a.O., S. 430.
44 Wittfogel hat meines Erachtens die Originalität des Marxschen Ansatzes und den grundlegenden Unterschied zwischen seiner Theorie und den unsystematischen Hinweisen seiner Vorgänger nicht genügend betont.

wo in systematischer Weise formuliert worden und muß aus seinen veröffentlichten und unveröffentlichten Schriften zusammengesucht werden, vor allem aus den *Grundrissen* von 1857-1858, wo sie allerdings hauptsächlich dazu benutzt wird, den Unterschied zwischen der orientalischen Gesellschaft und der griechisch-römischen Antike herauszustellen. Wenn wir all diese verstreuten Quellen (und dazu eines seiner sehr frühen Werke, die *Deutsche Ideologie* von 1845 bis 1846, die einige interessante Andeutungen über die Sklaverei und den Feudalismus enthält) heranziehen, gelangen wir zu dem folgenden Bild:

Die verschiedenen Entwicklungsstufen der gesellschaftlichen Arbeitsteilung entsprechen verschiedenen Formen des Eigentums.[45] Die »erste Form« ist das Gemeineigentum, das »der unentwickelten Stufe der Produktion entspricht, auf der ein Volk von Jagd und Fischfang, von Viehzucht oder höchstens vom Ackerbau sich nährt«.[46] Auf dieser Stufe ist die Arbeitsteilung noch wenig entwickelt und besteht größtenteils in einer weiteren Ausdehung der in der Familie gegebenen naturwüchsigen Teilung der Arbeit. »Die gesellschaftliche Gliederung beschränkt sich daher auf eine Ausdehnung der Familie: Patriarchalische Stammhäupter, unter ihnen die Stamm-Mitglieder, endlich Sklaven. Die in der Familie latente Sklaverei entwickelt sich erst allmählich mit der Vermehrung der Bevölkerung und der Bedürfnisse, und mit der Ausdehung des äußeren Verkehrs, sowie des Kriegs- wie des Tauschhandels.«[47]

Diese ursprüngliche Stammes- oder Gemeindeorganisation wird geschichtlich abgelöst von einer »zweiten Form«, die in dem Entwurf von 1845-1846 gleichgesetzt wird mit dem »antiken Gemeinde- und Staatseigentum«. Dieses soll insbesondere hervorgehen »aus der Vereinigung mehrerer Stäm-

45 Vgl. *Die deutsche Ideologie*, Berlin 1953, S. 18.
46 Ebenda.
47 Ebenda.

me zu einer Stadt durch Vertrag oder Eroberung [...], wobei die Sklaverei fortbestehen bleibt. Neben dem Gemeindeeigentum entwickelt sich schon das mobile und später auch das immobile Privateigentum, aber als eine abnorme, dem Gemeindeeigentum untergeordnete Form. Die Staatsbürger besitzen nur in ihrer Gemeinschaft die Macht über ihre arbeitenden Sklaven und sind schon deshalb an die Form des Gemeindeeigentums gebunden. Es ist das gemeinsachftliche Privateigentum der aktiven Staatsbürger, die den Sklaven gegenüber gezwungen sind, in dieser naturwüchsigen Weise der Assoziation zu bleiben. Daher verfällt die ganze hierauf basierende Gliederung der Gesellschaft und mit ihr die Macht des Volkes in demselben Grade, in dem namentlich das immobile Privateigentum sich entwickelt. Die Teilung der Arbeit ist schon entwickelter. Wir finden schon den Gegensatz von Stadt und Land [...]. Das Klassenverhältnis zwischen Bürgern und Sklaven ist vollständig ausgebildet«.[48] Als einen möglichen Einwand hält Marx fest, daß »das Faktum der Eroberung dieser ganzen Geschichtsauffassung zu widersprechen scheint«, und fährt dann mit der folgenden Darlegung fort: »Bei dem erobernden Barbarenvolke ist der Krieg selbst noch [...] eine regelmäßige Verkehrsform, die um so eifriger exploitiert wird, je mehr der Zuwachs der Bevölkerung bei der hergebrachten [...] rohen Produktionsweise das Bedürfnis neuer Produktionsmittel schafft«.[49] Ihre höchste Entfaltung findet diese Organisation in der römischen Gesellschaft, in der »die Sklaverei [...] die Basis der gesamten Produktion [blieb]« und die Plebejer, »zwischen Freien und Sklaven stehend, [...] es nie über ein Lumpenproletariat hinausbrachten.« Sie wird abgelöst durch »die dritte Form«, das »feudale oder ständische Eigentum«[50], mit anderen Worten: vom europäischen Mittelalter.

48 Ebenda.
49 Ebenda, S. 19.
50 Ebenda, S. 20.

Marx hatte 1845-1846 die orientalische Gesellschaft und die »asiatische Produktionsweise« noch nicht entdeckt und nennt folglich nur drei Vorstufen der Moderne: Der Stammesgesellschaft folgt die auf Sklaverei beruhende klassische Antike und dieser wiederum der europäische Feudalismus. Das Vorwort zur *Kritik der politischen Ökonomie* nennt im Jahre 1859 vier verschiedenen Eigentumsformen entsprechende Stufen: die asiatische Gesellschaft, die Antike, den Feudalismus und die moderne bürgerliche Gesellschaft. Verschwunden ist die Stammesgesellschaft, die freilich später bei Engels wiederauftauchte.[51]

Nun beruht die Arbeit von 1859 auf den unveröffentlichten *Grundrissen* von 1857-1858, und wenn wir uns diesem sehr vernachlässigten Quellenwerk zuwenden, erkennen wir besser, wie Marx in der Zwischenzeit zu einer anderen Auffassung des Verhältnisses zwischen dem Orient und der »asiatischen Produktionsweise« zur ursprünglichen Stammesgemeinschaft einerseits und zur klassischen Antike und zum europäischen Feudalismus andererseits gelangt war. Durch seine ökonomischen Studien war er mit den Forschungen der britischen ökonomischen Schule bekanntgeworden, und so wird in dem Bild, das wir jetzt erhalten, das Skelett der »materialistischen Geschichtsauffassung« mit dem Fleisch der Ökonomie versehen. Getreu seiner Methode, geht Marx historisch an den Gegenstand heran. Er beginnt mit der Frage nach den »Formen, die der kapitalistischen Produktion vorhergehen«[52], und nennt in der Antwort als eine historische Bedingung der letzteren »die Trennung der freien Arbeit von

51 Vgl. dessen *Ursprung der Familie, des Privateigentums und des Staates* (1884). Nebenbei sei bemerkt, daß die Marxsche Darstellung von 1845-1846 einen sehr realistischen Hinweis darauf liefert, daß die Sklaverei aus der Stammesorganisation hervorgegangen ist. Siehe im Vergleich dazu die Engelssche Erklärung, wie und warum »die alte, klassenlose Gentil- [d. h. Stammes-]Gesellschaft« mit ihren »schlichten sittlichen Größe« dem »zivilisierten« Druck von außen erliegt.
52 *Grundrisse*, S. 375.

den objektiven Bedingungen ihrer Verwirklichung [...], also vor allem Loslösung des Arbeiters von der Erde als seinem natürlichen Laboratorium – daher Auflösung des kleinen freien Grundeigentums sowie des gemeinschaftlichen, auf der orientalischen Kommune beruhenden Grundeigentums«.[53] »In der ersten Form dieses Grundeigentums erscheint zunächst ein naturwüchsiges Gemeinwesen als erste Voraussetzung. Familie und die im Stamm erweiterte Familie, oder [...] Kombination von Stämmen.« »So erscheint die Stammgemeinschaft, das natürliche Gemeinwesen, nicht als Resultat, sondern als Voraussetzung der gemeinschaftlichen Aneignung [...] und Benutzung des Bodens.« »Die Erde ist das große Laboratorium, das Arsenal, das sowohl das Arbeitsmittel wie das Arbeitsmaterial liefert, wie den Sitz, die Basis des Gemeinwesens.«[54] Der Einzelne hat an dem Eigentum am Boden und an den Arbeitswerkzeugen nur insofern teil, als er Mitglied dieser ursprünglichen Gemeinschaft ist, die durch die Bande der Blutsverwandtschaft zusammengehalten wird. »Die wirkliche Aneignung durch den Prozeß der Arbeit geschieht unter diesen Voraussetzungen, die selbst nicht Produkt der Arbeit sind, sondern als ihre natürlichen oder göttlichen Voraussetzungen erscheinen. Diese Form wo dasselbe Grundverhältnis zugrundeliegt, kann sich selbst sehr verschieden realisieren. Z. B. es widerspricht ihr durchaus nicht, daß, wie in den meisten asiatischen Grundformen, die zusammenfassende Einheit, die über allen diesen kleinen Gemeinwesen steht, als der höhere Eigentümer oder als der einzige Eigentümer erscheint, die wirklichen Gemeinden daher nur als erbliche Besitzer. Da die Einheit der wirkliche Eigentümer ist und die wirkliche Voraussetzung des gemeinschaftlichen Eigentums – so kann diese selbst als ein Besonderes über den vielen wirklichen besonderen Gemeinwesen erscheinen, wo der Einzelne dann in fact Eigentumslos ist oder das Eigentum

53 Ebenda.
54 Ebenda, S. 375-376.

[...] für ihn vermittelt erscheint durch das Ablassen der Ge-
samteinheit – die im Despoten realisiert ist als dem Vater der
vielen Gemeinwesen – an den Einzelnen durch die Vermitt-
lung der besonderen Gemeinde. Das Surplusprodukt [...]
gehört damit von selbst dieser höchsten Einheit. Mitten im
orientalischen Despotismus und der Eigentumslosigkeit, die
juristisch in ihm zu existieren scheint, existiert daher in der
Tat als Grundlage dieses Stamm- oder Gemeindeeigentum,
erzeugt meist durch eine Kombination von Manufaktur und
Agrikultur innerhalb der kleinen Gemeinde, die so durchaus
self-sustaining wird und alle Bedingungen der Reproduktion
und Mehrproduktion in sich selbst enthält. Ein Teil ihrer
Surplusarbeit gehört der höheren Gemeinschaft, die zuletzt
als Person existiert, und diese Surplusarbeit macht sich gel-
tend sowohl im Tribut etc., wie in gemeinsamen Arbeiten zur
Verherrlichung der Einheit, teils des wirklichen Despoten,
teils des gedachten Stammwesens, des Gottes.«[55]
Diese Art von Gemeineigentum, an der Spitze zusammengehalten durch die »höhere Gemeinschaft, die zuletzt als Person existiert«, tritt in verschiedenen geschichtlichen Spielarten
auf: entweder bewahren die kleinen Gemeinden ihre geson-
derte Existenz und der Einzelne arbeitet zusammen mit den
Mitgliedern seiner Familie unabhängig auf dem ihm ange-
wiesenen Los, oder »die Einheit kann auf die Gemeinschaftlichkeit in der Arbeit selbst sich erstrecken, die ein förmliches
System sein kann, wie in Mexiko, Peru besonders, bei den
alten Celten, einigen indischen Stämmen. Es kann ferner die
Gemeinschaftlichkeit innerhalb des Stammwesens mehr so erscheinen, daß die Einheit in einem Haupt der Stammfamilie
repräsentiert ist oder als die Beziehung der Familienväter
aufeinander. Danach dann entweder mehr despotische oder
demokratische Form dieses Gemeinwesens. Die gemeinschaftlichen Bedingungen der wirklichen Aneignung durch die Arbeit, *Wasserleitungen* [Hervorhebung bei Marx], sehr wich-

55 Ebenda, S. 376-377.

tig bei den asiatischen Völkern, Kommunikationsmittel etc. erscheinen dann als Werk der höheren Einheit – der über den kleinen Gemeinden schwebenden despotischen Regierung. Die eigentlichen Städte bilden sich hier neben diesen Dörfern bloß da, wo besonders günstiger Punkt für auswärtigen Handel; oder wo das Staatsoberhaupt und seine Satrapen ihre Revenu (Surplusprodukt) austauschen gegen Arbeit, sie als labourfunds verausgaben.«[56]

Gegenüber diesem zentralisierten System, das geschichtlich vor allem durch die verschiedenen orientalischen Despotien belegt wird, repräsentiert die griechisch-römische Antike mit ihrer Entwicklung des Privateigentums am Boden, was Marx als »die zweite Form« beschreibt, worin die ursprüngliche gemeinschaftliche (Stammes-)Organisation sich auf eine höhere gesellschaftlich-geschichtliche Stufe erhebt. Der langwierige Prozeß, in dem das städtische Patriziat von unabhängigen Grundbesitzern, das hier die politische Macht monopolisiert, seine spezifischen Institutionen (die letztlich auf Sklavenarbeit und beständiger Kriegführung zum Erwerb von noch mehr Sklaven beruhen) aufbaut und schließlich seinen eigenen Niedergang hervorruft, wird mit vielen faszinierenden Einzelheiten beschrieben; Niedergang und Verfall der Antike führen – ganz in Übereinstimmung mit Hegel, aber auch mit Niebuhr und der gesamten Geschichtsschreibung des 19. Jahrhunderts – geradenwegs zum germanischen Mittelalter: »Eine [andere] Form des Eigentums der arbeitenden Individuen, selfsustaining members of the community, an den Bedingungen ihrer Arbeit ist das *germanische*. Hier ist weder, wie in der spezifisch-orientalischen Form, das Gemeindemitglied Mitbesitzer des gemeinschaftlichen Eigentums [...], noch ist, wie in der römischen, griechischen Form [...] der Boden okkupiert von der Gemeinde ...«[57] (Es folgt eine kurze Analyse des *ager publicus* als der spezifisch römischen Institution,

56 Ebenda, S. 377.
57 Ebenda, S. 380-381.

durch welche der einzelne römische Bürger sein souveränes Eigentum an einem bestimmten Teil der römischen Erde ausübt.)

Gegenüber diesen früheren Formen stellt das »germanische Gemeinwesen«, das von Marx als die Urzelle des mittelalterlichen Staatswesens betrachtet wird, etwas Neues dar: »Die klassische alte Geschichte ist Stadtgeschichte, aber von Städten, gegründet auf Grundeigentum und Agrikultur; die asiatische Geschichte ist eine Art indifferenter Einheit von Stadt und Land; (die eigentlichen großen Städte sind bloß als fürstliche Lager hier zu betrachten, als Superfötation über die eigentliche ökonomische Konstruktion); das Mittelalter (germanische Zeit) geht vom Land als Sitz der Geschichte aus, deren Fortentwicklung dann im Gegensatz von Stadt und Land vor sich geht; die moderne [Geschichte] ist Verstädtischung des Landes, nicht wie bei den Antiken Verländlichung der Stadt.«[58] Bei den Germanen wird die vorgängige Unabhängigkeit der einzelnen Familienhäupter nicht durch deren Vereinigung aufgehoben: »Die Gemeinde erscheint also als Vereinigung, nicht als Verein«, dessen »selbständige Subjekte« die (zunächst stammesmäßigen, später feudalen) Landeigentümer bilden.[59] »Die Gemeinde existiert daher in fact nicht als *Staat* [. . .] wie bei den Antiken, weil sie nicht als *Stadt* existiert. Damit die Gemeinde in wirkliche Existenz trete, müssen die freien Landeigentümer *Versammlung* halten, während sie in Rom z. B. *exisitiert*, außer diesen Versammlungen, in dem Dasein der *Stadt selbst* und der Beamten, die ihr vorgesetzt sind etc.«[60] Zwar hatten die Germanen des Mittelalters auch ihren *ager publicus*, ihr Gemeindeland, doch begründete er nicht, wie in Rom, »das besondre ökonomische Dasein des Staates neben den Privateigentümern«; er diente nur »als Ergänzung des individuellen Eigen-

58 Ebenda, S. 382.
59 Ebenda, S. 383.
60 Ebenda.

tums« und stellt damit einen grundlegenden Gegensatz zur »asiatischen Form« dar, wo der Einzelne »kein Eigentum, sondern nur Besitz« hat.[61] Er steht aber auch in scharfem Kontrast zum griechisch-römischen System, wo die Stadt als kollektive Organisation und quasi ideale Repräsentation der Bürger in ihrer Eigenschaft als Staatsbürger – im Unterschied zu ihrer Privatexistenz – ihr Eigenleben besitzt. Im europäischen Mittelalter überwiegt also das Privateigentum von Anfang an. »Die Gemeinde existiert nur in der Beziehung dieser individuellen Grundeigentümer als solcher aufeinander.«[62] Die Anfänge unserer neuzeitlichen Freiheiten – so hätte Marx hinzufügen können – liegen in den germanischen Wäldern. Er fügte jedoch eine höchst subtile Analyse des Stammes- und Gemeindeeigentums in der Antike hinzu, gespickt mit polemischen Ausfällen gegen Proudhon[63], die uns hier nicht zu interessieren brauchen. Sodann kehrt er zu seinem ursprünglichen Thema – der Stammesorganisation als dem Ausgangspunkt der dreifachen Differenzierung in orientalische, griechisch-römische und germanisch-mittelalterliche Formen des Privat- und Gemeineigentums – zurück, um noch einmal zu betonen, daß das »Stammwesen«, »worein sich das Gemeinwesen ursprünglich auflöst«, außer demjenigen von Mitgliedern des Stammes kein Eigentum anerkannt, so daß unterworfene Stämme automatisch eigentumslos sind. »Sklaverei und Leibeigenschaft sind daher nur weitere Entwicklungen des auf dem Stammwesen beruhenden Eigentums. Sie modifizieren notwendig alle Formen desselben«, wenn auch am wenigsten in der »asiatischen Form« mit ihrer »self-sustaining Einheit von Manufaktur und Agrikultur, worauf diese Form beruht«.[64]

Was Marx als die »allgemeine Sklaverei des Orients« (im

61 Ebenda.
62 Ebenda, S. 384.
63 Ebenda, S. 384–392.
64 Ebenda, S. 392.

Unterschied zur persönlichen Sklaverei der klassischen Antike) bezeichnet, erscheint als ein Sonderfall der Institution des Eigentums. Dieses meint ursprünglich – » in seiner asiatischen, slawischen, antiken, germanischen Form«[65] – »Verhalten des arbeitenden [produzierenden] Subjekts [...] zu den Bedingungen seiner Produktion oder Reproduktion als den seinen.«[66] Dieses Verhalten als Eigentümer nimmt geschichtlich verschiedene Formen an, je nach dem Dasein des Individuums »als Glied eines Stamm- und Gemeinwesens (dessen Eigentum es selbst ist bis zu einem gewissen Punkt)« – eine aufschlußreiche Bemerkung, die kaum zu dem idyllischen Bild paßt, das Engels später zeichnete. Zuerst tritt der Mensch auf der Erde als Teil eines ursprünglichen Gemeinwesens auf – als »ein *Gattungswesen, Stammwesen, Herdentier* – wenn auch keineswegs als ein *zoon politikon* im politischen Sinn«.[67] Er vereinzelt sich durch den historischen Prozeß, der in erster Linie ein Prozeß der Entwicklung verschiedener Formen des Gemein- und Privateigentums ist, also verschiedener Wege, seinen gesellschaftlichen Umgang mit der Natur und den – natürlichen oder künstlichen – Voraussetzungen der Arbeit zu organisieren. Die verschiedenen Formen dieses Austauschs entsprechen verschiedenen Entwicklungsstufen der Gesellschaft, unter denen die orientalische Gesellschaft geschichtlich den Anfängen des Menschen näher steht, da sie »inmitten der orientalischen Despotie« einige Elemente des Urkommunismus bewahrt hat. Folglich spiegelt sich in der Aufeinanderfolge der Entwicklungsstufen – der asiatischen, der antiken, feudalen und modernen – die allmähliche Auflösung der »ursprünglichen Einheit« und die Geschichte des Privateigentums im eigentlichen Sinne. Indem es die indische bzw. chinesische Dorfgemeinschaft gewaltsam auflöst, vollendet das eu-

65 Ebenda, S. 395.
66 Ebenda.
67 Ebenda, S. 395-396.

ropäische Kapital diesen Prozeß und macht ihn im wahren Sinne des Begriffs zu einem allgemeinen.

V.

Nachdem wir diesen geschichtlichen Abriß in Erinnerung gebracht haben, können wir uns nunmehr wieder unserem Ausgangspunkt zuwenden und versuchen, herauszufinden, ob den Äußerungen von Marx und Engels zum Thema der orientalischen Gesellschaft ein durchgängiges Muster zugrunde liegt.[68]

Das Bild ist einigermaßen unklar. Auf den allmählichen Wandel in Marx' Auffassung der asiatischen Landgemeinde und ihres Widerstands gegen den westlichen Kapitalismus ist bereits hingewiesen worden. Wendet man sich dagegen dem anderen Strukturelement der »asiatischen Produktionsweise« zu, dem Despotismus der Zentralregierung, so hat es den Anschein, als hätte sich bei Marx und Engels die Abneigung gegenüber dieser Herrschaftsform nach und nach so sehr verstärkt, daß sie nicht nur am Privateigentum, sondern auch am europäischen Feudalismus und am germanischen Mittelalter einige positive Züge entdeckten. Wie soll man sich sonst erklären, daß Marx 1859 die »asiatische, antike, feudale und modern bürgerliche Produktionsweise« als »progressive Epochen der ökonomischen Gesellschaftsformation »bezeichnet? Es muß daran erinnert werden, daß, als diese Worte geschrie-

68 Ich drücke eine rein subjektive Meinung aus, wenn ich sage, daß der in den *Grundrissen* auf Seite 375-396 dargestellte Gedankengang zu den brillantesten und eindrucksvollsten in Marx' Schriften gehört. Er ist leider nur eine Skizze geblieben und erst 1939/1941 veröffentlicht worden. Wäre er, statt bis in unsere Tage unbekannt zu bleiben, um 1900 erschienen – man darf vermuten, daß Max Weber und seine Schule sich mit noch größerem Recht auf die Marxschen Untersuchungen bezogen hätten. Tatsächlich nahm Marx einen großen Teil dessen vorweg, was Max Weber über die orientalische Gesellschaft sagen sollte.

ben wurden, Marx kurz zuvor den Entwurf (1857-1858) verfaßt hatte, in dem in beinahe Hegelscher Manier das in den unentwickelten Institutionen des europäischen Mittelalters enthaltene Moment der persönlichen Freiheit hervorgehoben wird. Es muß gleichfalls daran erinnert werden, daß »progressiv« für Marx nicht – wie später für seine minder einfallsreichen Nachfolger – bedeutet, »was gerade zufällig vorkommt«; »Progreß« bedeutet in seinem Verständnis die Entfaltung der verborgenen Kräfte des Menschen. Im Vergleich zur asiatischen oder griechisch-römischen Gesellschaft ist der europäische Feudalismus deshalb »progressiv«, weil er aufgrund seiner verhältnismäßig soliden Ausgangsbasis neue Potentialitäten des Wachstums und der menschlichen Entfaltung verkörpert; er stellt in Hegels Worten »ein neues Prinzip« dar. Diese Potentialitäten haben sicherlich etwas mit einem Umstand zu tun, den Marx in den *Grundrissen* beiläufig andeutet: mit der Tatsache, daß die politische Macht bei den Germanen nicht zunächst gesondert von den Individuen existierte, sondern lediglich das Resultat gemeinsamer, öffentlich gefaßter Beschlüsse war. Engels sollte später so weit gehen zu behaupten, die deutschen Barbaren hätten Europa dadurch verjüngt, daß sie in das zerfallende Gewebe des Römischen Reiches die Überreste ihrer Clan-Verfassung einpflanzten.[69] Das könnte man als ein Beispiel typischer germanischer Rechtgläubigkeit bezeichnen, die zugleich aber auch ein Stück Wahrheit enthält.[70]

Wie aber verhält sich dies zu den im engeren Sinne theoretischen Konzeptionen, die von Marx und Engels formuliert wurden? Es ist keine Frage, daß beide bei ihrer ursprünglichen Abneigung gegenüber der orientalischen Herrschaft als einem politischen System blieben und sie eher noch verschärften. Wie wir gesehen haben, reichen ihre ersten zögernden

69 *Ursprung der Familie*, Berlin 1970, S. 175.
70 Vgl. Marc Bloch, *Feudal Society*, London 1961, S. 145 ff.

Äußerungen bis in die Jahre nach 1850 zurück, als Marx noch dazu neigte, gelegentlich gegen die kruden materialistischen Ziele der anmaßenden Europäer die moralische Überlegenheit des niedergehenden konfuzianischen Reiches auszuspielen. Diese polemischen Seitenhiebe sind allerdings kaum ernst zu nehmen. Sie gehen auf den allgemeinen Brauch des 18. Jahrhunderts zurück, den heuchlerischen Europäern die tugendhaften Chinesen gegenüberzustellen – ein liebenswertes Wunschbild, das Marx gewöhnlich zu den kindlichen Naivitäten der Rousseau-Zeit zählte. Wenn er als Theoretiker Stellung bezog, enthielt der Ausdruck »halbasiatisch« ebenso präzise wie unschmeichelhafte Konnotationen. Übrigens wurde dieser Ausdruck nach und nach auf Rußland übertragen und zum Standardvorwurf an die Adresse der russischen Regierung. Engels ging in dieser Hinsicht voraus[71], doch Marx tat es ihm gleich, indem er zwischen »Rußland« und »Europa« einen Unterschied machte[72] und dann durchgängig von der zaristischen Regierung als einer über eine unfreie Bauernschaft verhängten Despotie sprach – die Beispiele sind zahlreich und bekannt. Später äußert sich Engels in einem Artikel aus dem Jahre 1875 beiläufig über die Landgemeinde und ordnet dabei Rußland der »asiatischen Produktionsweise« zu.[73] In einem bekannteren Werk, dem *Anti-Dühring*, taucht die gleiche Feststellung auf: »Die alten Gemeinwesen, wo sie fortbestanden, bilden seit Jahrtausenden die Grund-

71 Der Artikel in der *New York Daily Tribune* vom 19. April 1853, in dem Rußland zum ersten Mal als »halbasiatisch« bezeichnet wird, war mit Marx gezeichnet, stammte aber tatsächlich von Engels; vgl. *Gesammelte Werke*, Band 9, S. 23.

72 NYDT, 5. August 1853; vgl. *Gesammelte Werke*, Band 9, S. 215.

73 »Eine solche vollständige Isolierung der einzelnen Gemeinden voneinander [...] ist die naturwüchsige Grundlage für den orientalischen Despotismus, und von Indien bis Rußland hat diese Gesellschaftsform, wo sie vorherrschte, ihn stets produziert, stets in ihm die Ergänzung gefunden.« Vgl. *Internationales aus dem Volksstaat* (1871-1875), Berlin 1894, S. 56.

lagen der rohesten Staatsform, der orientalischen Despotie, von Indien bis Rußland.«[74] Und schließlich wird in den Schriften Engels' aus den 1890iger Jahren sogar behauptet, die zaristische Despotie sei im Begriff zu zerbröckeln (ja sogar, daß »die junge russische Bourgeoisie den Staat vollkommen in der Gewalt« habe), doch wird zugleich das Überleben der »despotischen Selbstherrlichkeit des Zaren« mit der »alten kommunistischen Gemeinde« in Verbindung gebracht, die sich mittlerweile deutlich in einem Prozeß der Auflösung befindet.[75]

In der Zwischenzeit hatten er und Marx allerdings mit Vorbehalten die Vorstellung unterstützt, daß die Landgemeinde vielleicht zum Ausgangspunkt einer sozialistischen Entwicklung werden könnte. Auf welche Weise sollte das geschehen? Dazu haben wir zwei Hinweise von Marx, die beide leider sehr knapp sind. In seinem Brief an Wera Zasulitsch vom 8. März 1881 deutet er an, daß der Widerstand der Landgemeinde gegenüber dem Privatkapitalismus der entstehenden sozialistischen Bewegung eine einzigartige Chance bieten könnte; er stellt zwar zunächst fest, daß »diese Gemeinde der Stützpunkt der gesellschaftlichen Erneuerung in Rußland ist«, fügt aber hinzu, daß man »die tödlichen Einflüsse [...], die von allen Seiten auf sie eindringen«, beseitigen und ihr »normale Bedingungen einer eigenen Entwicklung sichern« müßte.[76]

Einen weiteren Hinweis enthält das Vorwort zur russischen Ausgabe des *Kommunistischen Manifests* vom 21. Januar 1882 mit der beinahe trotzkistischen Formulierung: »Wenn die russische Revolution das Signal gibt zu einer Arbeiterrevolution im Westen, so daß beide einander ergänzen, dann kann

74 Friedrich Engels, *Herrn Eugen Dührings Umwälzung der Wissenschaft* (»Anti-Dühring«), Berlin 1948, S. 221.
75 *Werke*, Band 18, Seite 663 ff., insbesondere S. 673.
76 Vgl. Marx, *Werke*, Stuttgart 1960, Band III/2, S. 1061.

das russische Grundeigentum zum Ausgangspunkt einer kommunistischen Entwicklung werden.«[77]

Diese Andeutungen verweisen auf eine Kontroverse, welche die sozialistische Bewegung in Rußland jahrzehntelang erschüttern sollte; aber sie tragen nicht viel zu einer im engeren Sinne theoretischen Konzeption der »asiatischen Produktionsweise« bei. Sie besagen nicht mehr, als daß für Marx der Sozialismus einen Ausweg bot aus dem unbequemen Dilemma, das sich ihm aufgrund seiner Untersuchungen der orientalischen Gesellschaft aufdrängte: wie nämlich das Element der persönlichen Freiheit, das in jener Gesellschaft offensichtlich fehlte und das ebenso offensichtlich dem westeuropäischen Feudalismus (und Kapitalismus) zugrunde lag, in das System eingefügt werden könnte, nachdem dessen »politischer Überbau« zusammengebrochen wäre. Mit anderen Worten, der herannahende Sturz des Zarismus bot eine Gelegenheit, den Kern der alten Gemeindeorganisation zu entwickeln, statt diese im Interesse des Kapitalismus vollständig aufzulösen.

Es ist bemerkenswert, daß Marx – und in einem gewissen Grade auch Engels – eine solche Chance in Rußland, nicht aber in Indien oder China gegeben sahen; vermutlich, weil Rußland nur »halbasiatisch« war. Es war kein wirklich europäisches Land, zeigte aber gleichwohl Ansätze zu einer Entwicklung, wogegen »der Osten« im eigentlichen Sinne stagnierte. Aus demselben Grunde war Rußland leider auch eine permanente Bedrohung für Europa, und sein innerer Fortschritt ließ es sogar tendenziell noch gefährlicher, weil aggressiver und mächtiger, werden.[78]

77 Marx/Engels, *Werke*, Band 18, S. 668. Engels schüttet in seiner Glosse aus dem Jahre 1894 eine Menge Wasser in den berauschenden Wein; vgl. ›*Russia and the Social Revolution Reconsidered*‹, in Balckstock and Hoselitz, *The Russian Menace to Europe*, London 1953, S. 229 ff.

78 Vgl. Marx, *Herr Vogt* (1859), in: *Werke*, Band 14, insbes. S. 497 f.: »Übrigens würde die Leibeigenemanzipation *im Sinne der russischen Re-*

Der Ausweg bestand in einer Form der Europäisierung, welche die Autokratie abgeschafft hätte, ohne – wie die Liberalen es wünschten – gleichzeitig den westlichen Kapitalismus einzuführen. Die Landgemeinde – oder was noch von ihr übrig war – sollte als künftige Basis einer sozialistischen Gesellschaft oder zumindest als ein Element einer solchen Gesellschaft bewahrt bleiben. Mit dieser Analyse stimmten die Volkstümler überein, und jene unter ihnen, die sich in den 80er und 90er Jahren allmählich in Marxisten verwandelten, konnten glauben, daß sie die Ideale und Werte, welche sie ursprünglich zum Sozialismus gebracht hatten, nicht aufgegeben hatten. Marx konnte umgekehrt annehmen, er habe durch die Verknüpfung des Sozialismus mit vor-individualistischen, gemeinschaftlichen Eigentumsformen des Kreis seiner Argumentation geschlossen: die bürgerliche Gesellschaft, weit davon entfernt, »natürlich« und »ewig« zu sein, wurde als lediglich eine unter anderen sozioökonomischen Formationen enthüllt. Das ungelöste oder nur halb gelöste Problem bestand in der Genese des orientalischen Staates. In seinen Schriften aus den Anfängen der 50er Jahre hatte Marx dessen zentralistischen Charakter sowie seine Unabhängigkeit von der riesigen Zahl verstreuter Dorfgemeinden hervorgekehrt. In dem Entwurf von 1857-1858 wird die Entstehung des Despotismus überhaupt auf das Stammwesen mit seiner Tendenz zurückgeführt, seine innere Einheit in einem persönlichen Herrscher zu »realisieren«. Später finden wir Hinweise auf »den Staat« als »den obersten Grundherren«, aber keine Analyse, auf welche Weise der despotische Herrscher seine

gierung die Aggressionskraft ums Hundertfache steigern. Sie bezweckt einfach die Vollendung der Autokratie, durch Niederreißung der Schranken, die der große Autokrat bisher an den vielen auf die Leibeigenschaft gestützten kleinen Autokraten des russischen Adels fand, sowie an den sich selbst verwaltenden bäuerlichen Gemeinwesen, deren materielle Grundlagen das Gemeineigentum, durch die sogenannte Emanzipation vernichtet werden soll.«

Macht aufbaut, indem er sich mit einem Verwaltungsapparat umgibt. Aus all dem ist unschwer zu schließen, daß Marx aus irgendeinem Grunde das Problem der Bürokratie umging. Auf deren Rolle wird allerdings in seinen übrigen Schriften, besonders in seinen Schmähschriften gegen den Bonapartismus, häufig angespielt. Daß er das im Zusammenhang mit der »asiatischen Produktionsweise« nicht weiter entwickelt hat, bleibt merkwürdig. Vielleicht wurde sein Interesse an dem Gegenstand dadurch gemindert, daß er die Bürokratie als eine »Kaste« im Unterschied zu einer gesellschaftlichen »Klasse« auffaßte; das vermag seine Einstellung zwar zu erklären, aber kaum zu rechtfertigen.[79]

In seinen *Theorien über den Mehrwert* (1861-1863) zitiert Marx Richard Jones folgendermaßen: »Die Mehrrevenue von Boden, die einzige Revenue von Belang, außer der Revenue der Bauern, wurde (in Asien, namentlich Indien) vom Staate und seinen Beamten verteilt.«[80] Wenn man das zusammennimmt mit seinen eigenen früheren Bemerkungen über die Bedeutung der zentral kontrollierten Bewässerung in Asien und mit den späteren Bemerkungen von Engels (hauptsächlich im *Anti-Dühring*) über das Hervorgehen einer herrschenden Klasse aus der Urgesellschaft selbst, dann scheinen die Elemente einer vollständigen Theorie des orientalischen Despotismus gegeben zu sein. Warum wurden diese Ansätze nicht wirklich genutzt? Eine indirekte Antwort darauf gibt wahrscheinlich eine Textstelle bei Engels, die den ungeheuren Erkenntnisfortschritt, den er und Marx tatsächlich gegenüber früheren Autoren erreicht hatten, und zugleich jenen Punkt

---

79 Eine Kritik an Marx' und Engels' Auffassungen über den orientalischen Despotismus findet man bei Wittfogel, a.a.O., S. 470 ff.; mir scheint allerdings, daß Wittfogel mit dem angeblichen theoretischen Rückschritt in den späteren Schriften von Marx übertreibt. Man kann allenfalls sagen, daß die früheren Ideen nicht systematisch entwickelt wurden.

80 R. Jones, *Literary Remains, Consisting of Lectures and Tracts on Political Economy*, London 1859; S. 448 ff.; vgl. Marx, *Theorien über den Mehrwert*, Stuttgart 1921, Band III, Seite 501.

deutlich werden läßt, an dem ihre Untersuchungen in eine
unkritische Übernahme der in der viktorianischen Zeit vorherrschenden Einstellung gegenüber Staat und Gesellschaft
umschlagen: »Wie diese Verselbständigung der gesellschaftlichen Funktion gegenüber der Gesellschaft mit der Zeit sich
bis zur Herrschaft über die Gesellschaft steigern konnte, wie
der ursprüngliche Diener, wo die Gelegenheit günstig, sich
allmählich in den Herrn verwandelte, wie je nach den Umständen dieser Herr als orientalischer Despot oder Satrap,
als griechischer Stammesfürst, als keltischer Clanchef usw.
auftrat, wie weit er sich bei dieser Verwandlung schließlich
auch der Gewalt bediente, wie endlich die einzelnen herrschenden Personen sich zu einer herrschenden Klasse zusam-
menfügten, darauf brauchen wir hier nicht einzugehen. Es
kommt hier nur darauf an festzustellen, daß der politischen
Herrschaft überall eine gesellschaftliche Amtstätigkeit zu-
grundelag; und die politische Herrschaft hat auch dann nur
auf die Dauer bestanden, wenn sie diese ihre gesellschaftliche
Amtstätigkeit vollzog. Wie viele Despotien auch über Persien und Indien auf- oder untergegangen sind, jede wußte
ganz genau, daß sie vor allem die Gesamtunternehmerin der
Berieselung der Flußtäler war, ohne die dort kein Ackerbau
möglich ist. Erst den aufgeklärten Engländern war es vorbehalten, dies in Indien zu übersehen; sie ließen die Rieselkanäle
und Schleusen verfallen und entdecken jetzt endlich durch die
regelmäßig wiederkehrenden Hungersnöte, daß sie die einzige Tätigkeit vernachlässigt haben, die ihre Herrschaft in Indien wenigstens ebenso rechtmäßig machen könnte wie die
ihrer Vorgänger.«[81]
Wenn man von dem polemischen Seitenhieb gegen die britische Regierung in Indien absieht – was besagt diese Passage
anderes, als daß Engels – und damit auch Marx, denn er hatte den Text vor der Veröffentlichung gesehen – die »herr-

81 *Anti-Dühring*, a.a.O., S. 219.

schendende Klasse« im politischen Sinne als die regierende Kaste auffaßte, die für die Erfüllung jener höheren Aufgaben verantwortlich war, deren Nichtwahrnehmung das gesellschaftliche Leben erlöschen läßt? Der *Anti-Dühring* war, eingestandenermaßen, eine halbpopulär gefaßte Kampfschrift, die sich vornehmlich an die Arbeiterklasse wendete, doch auch wenn Engels sich bei dieser Gelegenheit recht frei ausdrückte, so widersprach er doch nicht seinen oder Marxens früheren Äußerungen. Die politische Macht geht aus der Ausübung einer notwendigen gesellschaftlichen Funktion hervor; dann verselbständigt sie sich gegenüber der Gesellschaft (und gegenüber ihren eigenen Ursprüngen), bleibt aber in einem kollektiven Bedürfnis verankert, das sie *tant bien que mal* befriedigt, bis der soziale Organismus sich so sehr verändert, daß er einen anderen »Überbau« verlangt. Kurz: der Staat ist ein Epiphänomen; zwar besitzt er ein Eigenleben, doch ist er gegenüber den realen Grundbedürfnissen der Gesellschaft etwas Abgeleitetes; folglich läßt sich der langfristige Prozeß im Sinne dieser Grundbedürfnisse analysieren.

Nebenbei sei bemerkt, daß Engels in der oben zitierten Passage die »herrschende Klasse« so vollständig mit der regierenden Kaste gleichsetzt, daß man versucht ist, ihm entgegenzuhalten, nach den von ihm gemachten Voraussetzungen hätte Bismarck sich als einen legitimeren Vertreter der deutschen Gesellschaft betrachten können als der gewählte Reichstag. Es ist nicht ganz klar, was Engels auf das Argument erwidert hätte, daß die politische Elite einer gegebenen Gesellschaft der gesellschaftlich dominierenden Klasse überlegen ist und bleiben muß. Allerdings fielen im Deutschland des 19. Jahrhunderts – und in gewissem Maße auch im viktorianischen England – die beiden insofern zusammen, als der grundbesitzende Adel seine politische und gesellschaftliche Bedeutung behalten hatte und der Bourgeoisie fortlaufend wirtschaftliche Macht einräumte. Diese Symbiose war jedoch eine Besonderheit der europäischen Geschichte, die – wie Marx in

seinem Entwurf von 1857-1858 bemerkte – mit der relativ
freien und autonomen Entwicklung des öffentlichen Lebens
im frühen Mittelalter zusammenhing. Etwas Vergleichbares
hatte der Orient nie gekannt, und das Engels auf die entscheidende Rolle des Staates, d. h. der Bürokratie, bei der
Wahrnehmung der zentralen ökonomischen Funktionen hingewiesen hatte, hätte er wirklich erklären müssen, in welchem
Sinne die regierende Kaste eine »herrschende Klasse« war.
Da er diesen Punkt nicht klärte, mußte das gesamte Problem
der politischen Macht und des Staates im allgemeinen ungelöst bleiben.

Hiermit betreten wir allerdings die Schwelle zum modernen
Zeitalter, und damit beenden wir auch unsere Untersuchung,
in welcher Weise Marx und Engels auf dem Höhepunkt der
viktorianischen Ära das Problem der politischen Macht im
Orient auffaßten. Es wird den Leser heute kaum überra-
schen, daß sie die Möglichkeit der despotischen Herrschaft in
einer industriellen Gesellschaft nicht ernstlich in Erwägung
zogen, also jenes Problem, das wir als Totalitarismus zu bezeichnen gelernt haben. Sie hätten sich damit auch über die
Voraussetzungen hinweggesetzt, die sie mit ihren Zeitgenossen teilten; dazu gehörte vor allem die Zuversicht, daß eine
neue Form des Despotismus in der modernen Gesellschaft keine Grundlage mehr haben würde. Wenn wir in den letzten
Jahren begonnen haben, an dieser Zuversicht zu zweifeln, so
dürfen wir vielleicht dennoch einen gewissen Trost aus der
Erkenntnis ziehen, daß das innere Prinzip der westlichen Geschichte von Anfang an ein radikal anderes als das des Ostens
oder der griechisch-römischen Antike gewesen ist.

1963

Über Trotzki

I.

Revolutionen lassen Mythen entstehen, und diese Mythen ihrerseits wirken auf den Verlauf späterer Revolutionen ein. Im 19. Jahrhundert sahen die Revolutionäre überall Analogien zu dem, was sich zwischen 1789 und 1799 (oder, wenn sie Bonapartisten waren, zwischen 1799 und 1814) in Frankreich ereignet hatte. Jede noch so unbedeutende Empörung wurde im Lichte der neuesten französischen Geschichte gedeutet und gewöhnlich mißverstanden. Die Historiker gaben den Ton an, und die Publizisten wurden von ihnen angesteckt. Kam es zu einer Rebellion, dann sprachen die Menschen wie Eingeweihte von Munitionswagen und Barrikaden. (Tatsächlich hatte es im revolutionären Paris von 1789-1799 keine Barrikaden gegeben, doch nahm man an, daß es Barrikaden gegeben haben muß, weil sie bei den Aufständen von 1830 und 1848 vorkamen.) Man gewöhnte sich daran, Radikale als Jakobiner und, wenn sie nicht ganz so radikal waren, als Girondisten zu bezeichnen. Worum es bei dem Streit zwischen diesen Fraktionen tatsächlich gegangen war, wußte man nicht. Je nach Geschmack war Robespierre ein blutdürstiger Tyrann, ein unbestechlicher Republikaner oder der Führer der Mittelklasse, dem es nur darum ging, das Proletariat niederzuhalten. Geflissentlich übersah man die Tatsache, daß es ein Proletariat nicht gab, sondern lediglich eine Masse von Arbeitslosen und Gelegenheitsarbeitern, die von den Marxisten später als Lumpenproletariat bezeichnet wurden.

Da gab es vor allem den Thermidor. Am 27. Juli 1794 – dem 9. Thermidor nach dem kurzlebigen republikanischen Kalender – wurde Robespierre durch eine gegnerische Mehrheit im Konvent gestürzt, und damit endete die Schreckensherrschaft. Den Liberalen bereitete der Thermidor Vergnügen, doch den

radikaleren Demokraten bereitete er Verdruß, denn Männer
des Thermidor schafften die Gleichheit ab und setzten statt
dessen die Freiheit an die erste Stelle. Freiheit bedeutete natürlich Freiheit der Bourgeoisie – Freiheit zu kaufen und zu
verkaufen. Der Thermidor war der Triumph der Bourgeoisie,
die an diesem Tage die Revolution unter ihre Kontrolle be-
kam und fünf Jahre lang die Macht behielt, bis Bonaparte die
Advokaten davonjagte und seine Diktatur errichtete. Frankreich blieb indessen bürgerlich, und im Jahre 1830 kamen die
Erben der Thermidorianer wieder an die Macht, angeführt
von Louis Philippe und Guizot; nur hießen sie jetzt Liberale
und trugen statt phantasievoller neoklassischer Kleider den
nüchternen Gehrock. Um 1840 begannen die Sozialisten das
alles zu durchschauen, und schließlich kam Marx und erklärte, die Französische Revolution sei in Wirklichkeit, auch
wenn sie sich mit römischen Gewändern schmückte, eine bürgerliche Revolution gewesen und die »heroischen Illusionen«
ihrer Hauptakteure hätten unbewußt dazu gedient, die graue
Realität der modernen industriell-kapitalistischen Gesellschaft zu befördern. Diese Interpretation, die mit der sardo-
nischen Auffassung Hegels von der Geschichte als einer Abfolge von Entwicklungsetappen übereinstimmte, deren Bedeutung den Beteiligten verborgen bleibt (auch wenn sie für
den Philosophen erkennbar ist), hatte auf diejenigen, die sie
begriffen, eine ernüchternde Wirkung. Auf andere wirkte sie
belebend: war das Geheimnis der bürgerlichen Revolution
schließlich durchschaut, so sollte es nun möglich sein, eine proletarische Revolution zu machen, welche die bürgerliche
Etappe überwinden und die Gleichheit auf der Herrschaft der
Arbeitenden begründen würde. Hinweise, daß die proletarische Revolution zu einer neuen Form der Ungleichheit führen könnte, wurden in den Wind geschlagen. Es gab einige
warnende Stimmen, doch überwiegend wollten die russischen
revolutionären Intellektuellen, die seit etwa 1840 begannen,
über diese Fragen nachzudenken, sich nicht davon abschrek-

ken lassen. Sie sahen ihre Aufgabe darin, dafür zu sorgen, daß es beim nächsten Mal keinen Thermidor geben würde und daß die Revolution in Permanenz weiterginge.

Wie bedeutsam dieses Thema für das Leben und Werk des Mannes ist, der mehr als irgendein anderer die »permanente Revolution« zu einem praktikablen Begriff und zu einem politischen Modell gemacht hat, braucht heute nicht betont zu werden, da in der ganzen Welt die Kommunisten darüber streiten, was nach 1917 (oder – wiederum je nach Einstellung – nach 1921, als Lenin und Trotzki den Aufstand von Kronstadt niederschlugen und jegliche Fraktionsbildung innerhalb der herrschenden Partei untersagten) in der Sowjetunion schiefgegangen ist. Jeder noch bestehende Zweifel bezüglich der zentralen Bedeutung des französischen Vorbilds für die Bolschewiki – für alle, auch für Stalin – wird bei sorgfältiger Lektüre der voluminösen dreibändigen Biographie Trotzkis von Isaac Deutscher behoben. Das Werk besitzt beachtliche literarische Meriten; doch sie allein erklären nicht seine Faszination.[1] Der quälende Bericht entfaltet sich bis zum letzten, unerträglichen Kapitel in Mexiko, wo der Mörder einen kränklichen, einsamen und verbitterten Menschen erschlug, dessen Werk in Trümmern lag und der gegen Ende seines Lebens begonnen hatte, an seiner eigenen inneren Gewißheit zu zweifeln. Die Geschichte ist oft erzählt worden; eines Tages muß sie ihren Büchner oder ihren Brecht finden, denn es gibt nichts, was Dramatischer wäre als dieses schreckliche Ende eines Lebens, daß so sehr von Triumphen und Katastrophen erfüllt war; ein Leben auch, das ein Paradigma unser turbulenten, blutigen Epoche war – so wie auf ihre Weise Marxens stoische Stärke innerhalb der drückenden Zwänge der viktorianischen Ära paradigmatisch war. Hier bleibt lediglich festzustellen, daß Trotzki Glück gehabt hat, einen solchen Biographen zu finden, denn es wäre ein leich-

1 *The Prophet Outcast: Trotzky, 1929-40* London und New York 1963; deutsch: *Trotzki, 3. Der verstoßene Prophet, 1929-1940.* Stuttgart 1963.

tes gewesen, das Thema sensationell aufzumachen oder unter gelehrter Scholastik untergehen zu lassen. Deutscher hat diese Gefahren vermieden, und seine Leser haben Anlaß, dankbar zu sein.

Die Leser werden klug daran tun, diese bewegte Darstellung der letzten Jahre Trotzkis nicht als Angelpunkt der historischen Situation zu betrachten, die Trotzki selbst nicht zu wenden vermochte. Deutscher teilt die meisten Illusionen mit seinem Helden, und wo er sie vermieden hat, setzt er andere an ihre Stelle. In seinem letzten Band hat er sich schließlich von der Zwangsjacke befreit, die den Schriftstellern durch Trotzkis eigene Interpretation des »sowjetischen Thermidor« aufgezwungen wurde (in den beiden ersten Bänden seiner Trilogie[2] war ihm diese Emanzipation nur halbwegs gelungen). Während er nun aber zugibt, daß diese Analogien zum größten Teil auf einem Mißverständnis beruhten, trägt er selbst zu neuer Verwirrung bei. Wenn Stalin nicht mehr der »Totengräber der Revolution« ist, dann muß er eine leibhaftige Verbindung zwischen Robespierre und Napoleon sein, und so verteidigt denn auch Deutscher den quasi-bonapartistischen Einsatz der Roten Armee für den »Export der Revolution« nach 1939 indirekt als den einzigen Ausweg und – alles in allem genommen – ein »progressives« Phänomen. Wenn Trotzki sich täuschte in der Annahme, die Sowjetunion befinde sich auf dem Wege zur bürgerlichen Restauration, und wenn auch seine früheren Anhänger sich darin irrten, daß sie das sowjetische System als »Staatskapitalismus« bezeichneten, so scheint sich für Deutscher zu ergeben, daß es wohl doch ein sozialistisches System ist, auch wenn freilich der volle sozialistische Inhalt noch die bürokratische Hülle zu sprengen hat. Derartige Apologie – ein Aspekt von Deut-

2 *The Prophet Armed: Trotsky 1879-1921; The Prophet Unarmed: Trotsky 1921-1928*, London und New York 1954, 1959. Deutsch: *Trotzki.*
1. Der bewaffnete Prophet. 1879-1921;
2. Der unbewaffnete Prophet. 1921-1929, Stuttgart 1962.

schers unwandelbarer Treue gegenüber Lenin und dem Leninismus – füllt einen nicht unbeträchtlichen Teil seines dritten Bandes. Er verhält sich im allgemeinen fair selbst gegenüber den »trotzkisierenden Literaten« – es werden einige den
Amerikanern vertraute Namen erwähnt –, die nach 1940
vollständig mit dem Kommunismus gebrochen haben; über
den Kern seiner eigenen orthodoxen Position läßt er jedoch
keinen Zweifel. Was auch immer die »literarischen Intellektuellen« – er ist zu höflich, sie als Salonbolschewisten zu bezeichnen – über die Sache denken mögen, Deutschers Glaube
an die im Innersten progressive Rolle der UdSSR ist nicht
einmal durch die Erfahrung des Stalinismus erschüttert worden. Jedenfalls ist dieser Abschnitt jetzt zu Ende. Besteht
nicht die Geschichte aus einer langen Reihe derartiger Episo-
den, die trotz all der mit ihnen verbundenen Schrecken die
Menschheit dem gelobten Land näher gebracht haben? Nicht,
daß Deutscher dazu neigte, den geschichtlichen Preis zu übersehen. Der dritte Band enthält eine erschreckende Darstellung
der »Liquidation der Kulaken« in den Jahren 1929-1930, die
einen gewissen Eindruck vermittelt von dem Terror, mit dem
Stalins Krieg gegen die Bauern das Land verheerte. Es gibt
auch einige Seiten über das Blutbad an der alten Garde in
den Jahren 1936-1938, obwohl andererseits die große Säuberung – die Jezovsčizna – nur als Hintergrund dessen erscheint,
was Deutscher wirklich interessiert – nämlich das Duell zwischen seinem Protagonisten und dem Diktator im Kreml.
War das der Grund, warum so viele Tausende starben und
so viele Millionen nach Sibirien verschleppt wurden? Nach
Deutschers Darstellung könnte man fast vermuten, daß Stalin nur deshalb das große Massaker veranstaltete, um seine
persönliche Macht über seine eigene, tief zerrissene Fraktion
zu festigen. Zweifellos folgte die Säuberung ihrer eigenen
Logik: einmal in Gang gesetzt, ließ sich die Lawine nicht
mehr aufhalten, bis Millionen, die mit dem Machtkampf
nicht im entferntesten zu tun hatten, sich in den Lagern wie-

derfanden. Aber an irgendeinem Punkt muß sicher die Entscheidung getroffen worden sein, das NKWD auf das ganze Land loszulassen, bis jede Spur von Opposition ausgelöscht war. Die Wahrscheinlichkeit einer solchen Absicht gibt Deutscher halbwegs zu. Er weist darauf hin, daß die Säuberung die Bürokratie (nur die Bürokratie?) daran hinderte, sich im Status quo einzurichten und einen gefährlichen Korpsgeist zu entwickeln. Er weigert sich jedoch, den Totalitarismus in seiner ganzen Gesetzmäßigkeit zu sehen, und neigt deshalb dazu, über Trotzkis Interpretation nicht hinauszugehen: die Säuberung war das Hauptinstrument des Stalinismus, und durch den Stalinismus rächte sich das rückständige Rußland für die Revolution; über diese Deutung hinauszugehen ist Deutscher nicht bereit.

Dieser Ansatz hat seine Schwierigkeiten, die in dem sehr reichhaltigen Kapitel des dritten Bandes deutlich werden, in denen Deutscher sich mit Trotzkis Kritik des Stalinismus auseinandersetzt, wie sie insbesondere in einer seiner letzten Schriften formuliert ist.[3] Sie enthält, wie Deutscher hervorhebt, Trotzkis »klassische Anklage gegen die Bürokratie«. Auch stellt sie einen Versuch Trotzkis dar, seine frühere Auffassung dessen zu revidieren, was er als den »sowjetischen Thermidor« bezeichnet hatte. Hierbei muß berücksichtigt werden, daß gerade diese Metapher bereits in den Fraktionskämpfen der späten zwanziger Jahre eine Rolle gespielt hatte. Im zweiten, 1959 erschienenen Band gibt Deutscher einige Beispiele dafür, wie Trotzki und Sinowjew in den Jahren 1926-1927 auf die Geschichte zurückgriffen, wenn ihnen andere Argumente ausgegangen waren. Im Juli 1927, fünf Monate vor seinem Ausschluß aus der Partei, machte Trotzki eine Zeit lang die alten Bolschewiki in der Zentralen Kontrollkommission mit einer Rede über den Sturz Robespierres und die Zerschlagung des Jakobiner-Regimes nervös. Bei

3 *The Revolution Betrayed* (1936). Deutsch: *Die verratene Revolution*, Antwerpen o. J.

einer früheren Gelegenheit hatte Bucharin, der Führer des rechten Flügels, mit Zorn reagiert, als man ihm vorwarf, er förderte »termidorianische« Tendenzen. Alle diese Fraktionen waren wirklich von der Furcht beherrscht, sie könnten unbewußt jene historische Katastrophe wiederholen. Dieses Argument war jedoch eine zweischneidige Waffe. Als Stalin sich 1929 gegen Bucharin wandte und seinen Feldzug gegen die Bauern auslöste, begannen sich die verbannten Trotzkisten, die damals noch unter einem relativ liberalen Regime lebten und sogar ihre Manifeste zirkulieren lassen durften, zu fragen, ob nicht vielleicht Stalin der »historische« Nachfolger Robespierres wäre, so daß *sie* dann die Thermidorianer wären. Dieser Gedanke versetzte sie dermaßen in Schrekken, daß die meisten von ihnen bis 1932 ihren Frieden mit Stalin gemacht hatten (was sie am Ende doch nicht rettete). Zu seinem Unglück waren das gerade die Jahre, wo Trotzki von seinem Exil in der Türkei aus nur geringe Möglichkeiten besaß, den Gang der Ereignisse zu beeinflussen. In seiner Isolation redete er sich ein, daß seine Anhänger ihn verraten hatten und daß er allein die Dinge richtig sah. Stalin konnte den Fünfjahrplan nicht durchführen. Wenn er ihn durchführte, so war es nicht der Plan, den Trotzki durchgeführt hätte: kein sozialistischer Plan, sondern ein bürokratischer. Das war um 1936 zum neuen Kurs geworden, der sich in der trotzkistischen Bewegung durchgesetzt hatte: die sowjetische Bürokratie hatte die Revolution für sich »beschlagnahmt«, auch wenn sie noch immer die herrschende Kaste eines »Arbeiterstaates« war. Gewiß war es eine parasitäre Kaste, die hinweggefegt werden mußte, damit die »Rätedemokratie« möglich würde; aber sie war auch die Hüterin des öffentlichen Eigentums. Solange sie die neuen Produktionsverhältnisse gegen die Weltbourgeoisie und gegen bürgerliche Tendenzen im eigenen Lande verteidigte, war ihre historische Rolle »fortschrittlich«, und Trotzki würde sie weiterhin unterstützen, auch wenn ihr Führer alle Trotzkisten in Internierungslagern gefangenhielt. In diese unauflöslichen Widersprüche verstrickt, zerstörte sich die trotzkistische Bewegung, die nie mehr als eine lose Ansammlung kleiner Gruppen und Einzelner gewesen war, in heftigen Auseinandersetzungen, die Trotzki am Ende fast gänzlich der organisierten Anhängerschaft beraubten.

Der ganze Streit entbehrte tatsächlich jeder Grundlage. Ein »Arbeiterstaat« ist ebensowenig vorstellbar wie ein »Bauernstaat«, und die Idee, die UdSSR sei zu irgendeinem Zeitpunkt nach 1917 einem solchen Zustand nahe gewesen, gehört – wie die rousseauistischen Träumereien Robespierres – zu jener Kategorie, die Marx »heroische Illusionen« nannte. Trotzki hätte sein Problem lösen können, wenn er zugestanden hätte, daß die »Diktatur des Proletariats« ein bloßer Notbehelf und das Proletariat in dieser Phase nicht fähig war zu herrschen. Tatsächlich hat er sich in den letzten Monaten seines Lebens dieser Einsicht zumindest in dem Sinne genähert, daß er andeutete, man müsse wahrscheinlich die gesamte Zukunft des Marxismus abschreiben, wenn die europäische Arbeiterklasse nicht unmittelbar nach dem Zweiten Weltkrieg die Macht übernehme. In Wirklichkeit ging es nicht darum, den Marxismus abzuschreiben, sondern den Mythos der Oktoberrevolution; aber Trotzki hatte zwischen den beiden nie einen Unterschied gemacht. In seinen Augen war die revolutionäre Botschaft des Marxismus erhärtet worden durch das, was Lenin 1917 erreicht hatte. Wenn es 1937 so aussah, als sei die Revolution gescheitert, so konnte das nur ein vorübergehender Rückschlag sein.

Deutscher ist in diesen wichtigen Problemen ein ganz verläßlicher Lotse, denn auf Grund seiner Vorurteile neigt er zu der Auffassung, daß Trotzkis Analyse »noch immer die beste Erklärung für die nachfolgende gesellschaftliche Entwicklung bietet« – also dafür, daß die auf Stalin folgenden Regime eklektisch bestrebt waren, die schlimmsten Auswüchse des Stalinismus zu beseitigen, ohne die neu entstandenen

Klassenbeziehungen anzutasten. Er behauptet, Trotzki habe wirklich nie so etwas Utopisches wie die gänzliche Ausschaltung der Bürokratie angestrebt, sondern lediglich eine drastische Beschneidung ihrer Privilegien, und er gibt zu verstehen, daß etwas Derartiges gegenwärtig erfolgt. Wenn das tatsächlich der Fall ist, dann kann man dazu nur sagen, daß die sowjetischen Werktätigen sich weiterhin mit wenig werden begnügen müssen. Wenn Deutscher schreibt: »Das Problem einer Bürokratie in einem Arbeiterstaat ist in der Tat so neu und so komplex, daß man darüber kaum etwas wissen kann.« – Schön und gut. Doch wie ungewiß andere Dinge auch sein mögen, es ist unbestreitbar, daß in dem Staat, den er als »Arbeiterstaat« zu bezeichnen beliebt, die Arbeiter nicht die Herrschenden, sondern die Beherrschten sind. Im übrigen läßt sich dies durchaus mit der üblichen Definition des Sozialismus (öffentliches Eigentum), wenn auch nicht mit der des Kommunismus (Gemeineigentum) vereinbaren. Es ist jedoch nicht das, was die Bolschewiki 1917 erreichen wollten.

II.

Der Revolutionär in der Politik: das ist eigentlich nicht das Zentralthema der Biographie von Isaac Deutscher; doch hätte er seine drei Bände leicht um dieses Thema organisieren können. Trotzki ist der klassische Fall eines revolutionären Führers, der gleichzeitig ein Intellektueller im strengen Sinne dieses vielfach gebrauchten Ausdrucks ist: nicht jemand, der sich die Ideen anderer zunutze macht, sondern jemand, der seine eigenen Gedanken in die Praxis umsetzt und dessen Engagement für eine Idee alle sonstigen Loyalitäten ausschließt. Das Phänomen wird erst in seiner vollen Bedeutung erkennbar, wenn man etwas von Trotzkis Eigenart sichtbar macht. Hier ist die »Einheit von Theorie und Praxis« in einem Redner verkörpert, der gleichzeitig ein Staatsmann ist, ein Theoretiker, der die Massen bewegen kann, der Regierungsbehörden organisiert und Armeen in Marsch setzt; ein »Berufsrevolutionär«, der einen unvergleichlichen Stil und einen entwickelten literarischen Geschmack besitzt. Kein Wunder, wenn er die Jugend dreier Kontinente faszinierte. Ist es heute, da wir dem Geschehen mit einer gewissen Distanz gegenüberstehen, möglich, ihm eine Stellung zuzuweisen, ihn mit anderen bedeutenden Gestalten der neueren Geschichte in eine Reihe zu stellen?

Mit Marx zweifellos nicht; auch wenn, oberflächlich gesehen, eine gewisse Ähnlichkeit zwischen den beiden Männern bestehen mag, so bewegen sie sich doch nicht in derselben Welt – eine Tatsache, die Trotzki stets anzuerkennen bereit war. Der Unterschied liegt nicht allein in ihren intellektuellen Fähigkeiten, wenn Trotzki sich auch bewußt war, daß das abstrakte Theoretisieren – für Marx ein Kinderspiel – seine eigenen Möglichkeiten überstieg. Da ist weiter der Unterschied der gesellschaftlichen Umgebung und des geschichtlichen Hintergrundes. Trotz all seines Radikalismus und des revolutionären Überschwangs, dem er in seiner Jugend frönte, war Marx in die deutsche und europäische Kultur seiner Zeit integriert. Im Grunde stimmte er mit der Gesellschaftsordnung überein, deren Untergang er prophezeite. Es ist sehr vielsagend, daß er als ein berühmter, gelehrter und ein wenig reizbarer Wissenschaftler des späten 19. Jahrhunderts galt – ein wahrhaft Großer der viktorianischen Epoche, ein Zeitgenosse (und Bewunderer) Darwins. Man braucht nur seinen Briefwechsel mit Engels zu lesen, um zu erkennen, wie tief beide Männer in den Zeitumständen verwurzelt waren und wie sehr sie es trotz ihrer verächtlichen Geringschätzung für die Auffassungen der Mehrheit genossen, gerade in dieser Zeit zu leben. Trotzki hat keine Ähnlichkeit mit Marx. Bemerkenswert genug, hat er mehr mit Marx' Kontrahenten Michael Bakunin gemeinsam, und nicht nur deshalb, weil Bakunin ein ewiger Rebell war, der im Exil starb. Er teilt mit dem Begründer des russischen Anarchismus eine gewisse romantische Auffassung »der Revolution« als einer umfassenden Volkserhebung gegen die Autorität – gegen *jegliche* Autorität; eine Vorstellung, die Marx (von Engels ganz zu schweigen) mißbilligt hätte. Wenn die überlebenden trotzkistischen Gruppen in Europa, Asien und Lateinamerika im Laufe der Zeit zu Nachfolgern der untergegangenen anarchistischen und anarcho-syndikalistischen Bewegungen geworden sind – man braucht nur ihre Pamphletliteratur zu lesen, um die Übereinstimmung zu bemerken –, so können sie eine rückwirkende Rechtfertigung für diese merkwürdige »Abweichung« in Trotzkis Persönlichkeit und in seinen Schriften finden. Auch wenn er Bakunin intellektuell weit überlegen war, so hatte Trotzki gleichwohl etwas von seinem romantischen Utopismus, von seinem Glauben an »das Volk«, seinem Individualismus und sogar von seiner Eitelkeit – Charakterzüge, die Lenin bei sich selbst unnachsichtig unterdrückte.

Ein Aspekt in der Persönlichkeit seines Helden bereitet seinem Biographen Verdruß. Nicht, daß Deutscher dazu neigte, Trotzkis literarische und intellektuellen Talente zu unterschätzen; eher bauscht er sie auf, insbesondere in dem ersten der drei Bände, wo sogar Trotzkis vorrevolutionärer Journalismus überschwenglich gepriesen wird. Die unbequeme Wahrheit, der er sich zu stellen hat, ist die, daß es nicht einfach ist, gleichzeitig ein profunder Denker und ein wirkungsvoller Pamphletist zu sein. Marx war dies gelungen, aber freilich war er unvergleichlich. Bei Trotzki kann man durchaus den Eindruck gewinnen, daß der Stil seiner Kampfschriften häufig dem gedanklichen Inhalt überlegen war, der in sie einging. Gelegentlich bilden Form und Inhalt eine Einheit – z. B. in der *Verratenen Revolution.* Öfter trat an die Stelle des Theoretikers der Rhetoriker. Im letzten Band rühmt Deutscher Trotzkis Flugschriften über die Situation in Deutschland zu Beginn der dreißiger Jahre, kurz vor Hitlers Aufstieg zur Macht. Da der Rezensent zu jenen gehörte, die diese Kampfartikel druckfrisch lesen durften, kann er versichern, daß sowohl ihr Einfluß, der gering war, als auch ihre Erfassung der Lage in Deutschland, die äußerst vage war, von Deutscher übertrieben optimistisch beurteilt werden. Sie waren in der Tat brillant und natürlich der Kominternliteratur weit überlegen, die Hitler gegenüber dem »wahren Feind«, den Sozialdemokraten, als kleineres Übel darstellte; aber das besagt nicht sehr viel. Nach jedem vernünftigen Maßstab politischer Analyse müssen Trotzkis Schriften jener Periode als ein intelligenter Mißgriff beurteilt werden (obgleich er merkwürdigerweise für die wirtschaftlichen Zusammenhänge des Faschismus ein gewisses Verständnis bewies, z. B. in einem Artikel, den er ausgerechnet in der Vierteljahresschrift *Foreign Affairs* im April 1934, ein Jahr *nach* Hitlers Machtantritt publizierte). Es ist ein unzureichender Ausdruck, wenn man sagt, daß er in seinen Pamphleten von 1931 bis 1932 die Komintern-Linie »entlarvt« hat; das war selbstverständlich; außerhalb Moskaus konnte jeder sehen, daß Deutschland geradenwegs in die Katastrophe ging. Er versäumte aber, eine Alternative zur offiziellen kommunistischen Linie aufzuzeigen, die in Wirklichkeit darauf hinauslief, Hitler die Macht ergreifen zu lassen in der Erwartung, »die Arbeiter« würden in binnen kurzer Zeit stürzen. Hinsichtlich der Fähigkeit »der Arbeiter«, einer totalitären Diktatur zu widerstehen, hatte Trotzki fast so romantische Vorstellungen wie die deutschen Kommunisten, und wie sie war er frei von jeglichem Verständnis für die wahre Natur der »kapitalistischen Krise« – um den Ausdruck zu benutzen, der damals im Schwange war. Im übrigen hatte er nur eine unzureichende Ahnung davon, was der Nationalsozialismus wirklich war, aus welchen emotionalen Quellen er sich speiste und wie weit er gehen würde. In Wirklichkeit machte der Zusammenbruch der sozialistischen Bewegung in Deutschland und der gleichzeitige Aufstieg des Stalinismus in Rußland einem etablierten Regierungssystem der Art von revolutionärem Sozialismus, an die Trotzki glaubte, den Garaus. Den Zusammenhang zwischen der russischen und der deutschen Katastrophe hat sein Biograph deshalb nicht erfaßt, weil sein Blick allzu ausschließlich fixiert ist auf die bizarre Dialektik des Kampfs zwischen Stalin und Trotzki um die Kontrolle über eine gänzlich desorientierte kommunistische Weltbewegung. Überdies reicht sein »Realismus« nicht so weit zu erkennen, daß das Zeitalter der *genuinen,* spontanen Volksrevolutionen außer in unterentwickelten Ländern wie Kuba und Algerien vorbei war. Auch der Coup von 1917 war nicht wirklich spontan erfolgt, aber er wurde noch von einer wirklichen Massenbewegung gestützt. Seither bedurfte jede erfolgreiche Machtübernahme in industrialisierten Ländern sorgfältiger Vorbereitung sowie langfristiger Schulung der »Führungskader« und nicht minder der Massen. In unterentwickelten Ländern sieht die Sache natürlich anders aus, woraus sich vielleicht erklärt, daß trotzkistische Gruppen zwar in Bolivien, Ceylon und sogar in Algerien Erfolg hatten, aber in den industriellen Zentren nicht den mindesten Fortschritt verbuchen können. Es entspräche nicht ganz den Tatsachen, wenn man sagte, daß niemand in den dreißiger Jahren diesen Sachverhalt begriffen hätte. Einige, zu denen jedoch Trotzki und seine orthodoxen Anhänger nicht zählten, hatten ihn gegen Ende des Jahrzehnts erfaßt. Das gehört in den größeren Zusammenhang der Rolle des Intellektuellen in der Politik, und darum ist hier die Feststellung angebracht, daß Trotzki manches nicht erkannte, was für andere offensichtlich war, die weder über seine geistigen Fähigkeiten verfügten noch wie er auf eine Vergangenheit als Führer einer siegreichen Revolution zurückblicken konnten. Die Erklärung liegt eindeutig darin, daß er gerade durch seinen und Lenins Triumph im Jahre 1917 desorientiert worden war. Tatsächlich blieb er für den Rest seines Lebens von dem Glanz dieses umwälzenden Ereignisses geblendet. Ob es Lenin, wenn er weitergelebt hätte, anders ergangen wäre, ist fraglich, obwohl er über jene pragmatische Wendigkeit verfügte, die sowohl Stalin als auch Trotzki abging (»die zwei fähigsten Männer im Zentralkomitee«, wie er bei einer berühmten Gelegenheit bemerkte). Deutscher, der generell dazu neigt, in Stalin den unbewußten Vollstrecker von Trotzkis Vorstellungen zu sehen, schweigt sich über diesen besonderen Punkt aus. Er hat indessen etwas zu sagen über eine Kontroverse, die während Trotzkis letzten Jahren in seiner Umgebung erbitterte Zwistigkeiten hervorrief – die Auseinandersetzung über das, was man später als die »Revolution der Manager« bezeichnete, also den Aufstieg einer neuen Führungsschicht.

Es begann alles – wie der Leser des dritten Bandes von Deutschers Trotzki-Biographie selbst im einzelnen feststellen kann – mit dem ehemaligen italienischen Trotzkisten Bruno Rizzi und seiner Kampfschrift *La bureaucratisation du monde,* die 1939 in Paris erschien, kurz nachdem Trotzki 1936 seine eigene Einschätzung der »neuen Klasse« mitgeteilt hatte. Durch die Erfahrung eines weiteren Vierteljahrhunderts klüger geworden, macht uns heute die Vorstellung eines »bürokratischen Kollektivismus« als einer neuen Form der Klassenherrschaft nichts mehr aus, aber 1939-1940 löste Rizzi – und auch James Burnham, der sich weitgehend auf Rizzi stützte – einen Schock aus. Was sie vortrugen, war natürlich für Trotzki unannehmbar. Wenn sie recht hatten, dann war die sowjetische Bürokratie, in der Trotzki einen »Auswuchs« sah, den man bei der ersten Gelegenheit entfernen oder zumindest beschneiden mußte, in Wirklichkeit der Kern der Sache. Der »bürokratische Kollektivismus« war eine nicht mehr aus der Welt zu schaffende Tatsache. Genau wie vor ihnen die Jakobiner waren die Bolschewiki Utopisten gewesen – außer jenen, die sich wie Stalin dem neuen Trend angepaßt hatten. Die Arbeiterklasse blieb dazu verurteilt, die »Massenbasis« eines Systems der Ungleichheit darzustellen.

Es ist Trotzki hoch anzurechnen, daß er zwar diese These als unbewiesen und unwahrscheinlich verwarf, aber doch nicht gänzlich die Möglichkeit ausschließen wollte, daß sich in der Tat Fehlentwicklungen ergeben könnten. Noch im September 1939, kurz nachdem der Zweite Weltkrieg ausgebrochen war, behauptete er, das revolutionäre Potential Europas sei nicht erschöpft; doch zum erstenmal faßt er jetzt auch die Möglichkeit ins Auge, daß die Arbeiterklasse sich vielleicht als unfähig erweisen könnte, selbst die Macht zu erringen. In einer für seine Anhänger alarmierenden Äußerung erklärte er, man werde die Zukunft des Marxismus-Leninismus abschreiben müssen, wenn am Ende des Zweiten Weltkrieges im Westen noch immer keine sozialistische Revolution erfolgt sei: »Dann wären wir gezwungen zuzugeben, daß die bürokratische Reaktion nicht in der Rückständigkeit des Landes und nicht in der imperialistischen Umgebung begründet war, sondern in der angeborenen Unfähigkeit des Proletariats, zur herrschenden Klasse zu werden. Dann würde die nachträgliche Feststellung unumgänglich, daß [...] die gegenwärtige UdSSR der Vorläufer eines neuen und universalen Systems der Ausbeutung war. [...] Wie bedrückend diese [...] auch sein mag: sollte sich das Weltproletariat tatsächlich als unfähig erweisen, die Aufgabe zu erfüllen, die ihm durch den Gang der Entwicklung gestellt ist, dann wird uns nichts anderes übrig bleiben als zuzugeben, daß das sozialistische Programm [...] wie eine Utopie zerronnen ist.«

Am Ende seines Lebens stand Trotzki also an der Schwelle eines neuen Zeitalters. Mit einem Gleichmut, der noch immer Bewunderung erregt, ging er daran, die praktischen Konsequenzen zu skizzieren, die von denen gezogen werden müßten, die, wie er, entschlossen waren, der – wenn auch hoffnungslosen – Sache der Unterdrückten und Ausgebeuteten treu zu bleiben: Wenn der Kommunismus eine Illusion war, dann »ist es selbstverständlich, daß man ein neues ›Minimalprogramm‹ braucht – für die Verteidigung der Interessen der Sklaven der totalitären bürokratischen Gesellschaft«.

Daß die Utopie mittlerweile vollständig darniederliegt, würden wohl die meisten Marxisten heute einräumen, aber nicht Deutscher, der in dieser Hinsicht einen wahrhaft erstaunlichen Optimismus ausstrahlt. Der Punkt verdiente kaum weiter verfolgt zu werden, würde er nicht häufig mit einem gänzlich anderen Gegenstand vermengt, nämlich der Rolle des revolutionären Intellektuellen in der sozialistischen Bewegung. Allem Anschein nach ist die Verwechslung zumindest teilweise semantischer Natur und hat etwas mit der unterschiedlichen Verwendung des Ausdrucks »Intellektueller« zu tun. Weil Marx, Engels, Luxemburg, Lenin, Trotzki, Gramsci, Kautsky, die Webbs, Bernhard Shaw, Leon Blum und andere hervorragende Gestalten in der Geschichte des Sozialismus alle Intellektuelle waren (was hätten sie sonst sein sollen?) und weil in unserer Zeit die sogenannte »technische Intelligenz« unbestreitbar das Zentrum der verschiedenen bürokratisch-kollektivistischen Regime bildet, ist es üblich geworden, die erste Tatsache mit der zweiten zu verbinden, so als ob jeder einzelne Theoretiker des 19. Jahrhunderts an seinem Schreibtisch ein Vorläufer der heutigen Industriegesellschaft gewesen sei. Weil Sozialismus Planung bedeutet, und weil Planer mit Wissenschaftlern und Technologen zusammenarbeiten müssen, wird der Schluß gezogen, daß es die Intelligenz sei, die am Totalitarismus schuld ist. In Wirklichkeit ist die Gleichsetzung »Intellektuelle = Autoritarismus« unhaltbar. Es ist allerdings richtig, daß die Marxisten das Verhältnis der Intelligenz zur Arbeiterbewegung nicht eindeutig geklärt haben, während andere sozialistische Richtungen (die Fabier zum Teil ausgenommen) sich nie den Kopf darüber zerbrochen haben. Lenins Äußerungen sind zweideutig. Der Stalinismus brachte es sogar fertig, beides zu einem einzigen System zu verbinden. Was Trotzki betrifft, so wurde er nie müde, seinen eigenen Anhängern vorzuhalten, sie seien zu weit von den Massen entfernt, wobei er allerdings gänzlich übersah, daß die Massen Stalin bevorzugten und daß praktisch alle seine Anhänger Intellektuelle waren. Die Situation hat sich nicht geändert. Die Handvoll trotzkistischer Gruppen, denen es in den letzten Jahren gelungen ist, eine Anhängerschaft zu gewinnen, wurden alle von Intellektuellen begründet, und sie setzen sich aus Intellektuellen zusammen, während die Arbeiter wenig Interesse zeigen. Sollte jemals eine Soziologie der trotzkistischen Bewegung verfaßt werden, so wird sie zweifellos ergeben, daß die wenigen Anhänger aus der Arbeiterklasse, die sie in den Ländern des Westens gewonnen hat, versprengte Syndikalisten waren. Als Organisation des »revolutionären Proletariats« war der Trotzkismus – wie der Anarchismus – eine unerfüllte Hoffnung und der Grund war weitgehend identisch: Die industrielle Arbeiterklasse in den fortgeschrittenen Ländern ist nicht »revolutionär« – jedenfalls nicht im Sinne Trotzkis (der diesbezüglich unbewußt eher Bakunin als Marx folgt).

1964

Vorwärts zur Utopie

Die fünfziger Jahre entschwinden dem Blickfeld, ja beinahe der Erinnerung. Es stellt sich heraus, daß sie ein Zwischenspiel waren zwischen zwei Perioden gesellschaftlicher Anspannung und politischer Unruhe. Der Kalte Krieg mag zu einem Stillstand kommen, doch eine innere Entspannung gibt es nicht; was das »Ende der Ideologie« betrifft, so werden wir sehr bald sehen, daß es mit dieser Illusion zu Ende ist. Es stellt sich heraus, daß die westliche Gesellschaft keineswegs so wohlhabend ist, wie man angenommen hat, und daß, wie hoch auch der materielle Lebensstandard ist, den sie sich gesichert hat, jedenfalls eine hungernde Welt vor ihrer Tür steht, Hilfe erwartet und droht, sich in einer vernichtenden Rebellion gegen die privilegierte Minderheit zu erheben (zu der in den Augen der Afrikaner und Asiaten vielleicht auch schon die Russen gehören). Diese Zwänge und die daraus erwachsenden intellektuellen Probleme werden reflektiert in dem neuen Buch von Herbert Marcuse, dessen Titel niemanden verleiten sollte, es irrtümlich für einen weiteren Versuch über die Entfremdung zu halten.[1]

Marcuse ist mit der modernen Soziologie vertraut und durchaus bereit, ins einzelne zu gehen. Eine beredte Abrechnung mit den Verhältnissen, ist sein Werk zugleich ein anregendes Beispiel soziopolitischer Analyse. Da ich im folgenden Kritik üben werde, sage ich am besten vorweg, daß es ein bedeutendes Buch ist – sowohl im Hinblick auf sein Thema als auch deshalb, weil es sich mit grundsätzlichen Sachverhalten in einer Weise auseinandersetzt, die geeignet ist, die akademi-

---

1 Herbert Marcuse, *One Dimensional Man: Studies in the Ideology of Advanced Industrial Society*, Boston 1964. Deutsch: *Der eindimensionale Mensch. Studien zur Ideologie der fortgeschrittenen Industriegesellschaft*, Neuwied und Berlin 1967.

sche Welt aus ihrer Oberflächlichkeit aufzurütteln. Die Analyse abstrakter Begriffe und die Diskussion politischer Probleme bilden eine Einheit, wie man es von der Arbeit eines Marxisten erwarten kann. Es ist nämlich eine marxistische Analyse, die hier vorgelegt wird, wenn auch weit entfernt von dem, was dieser Ausdruck östlich jener Linie bedeutet, die als Eisernen Vorhang zu bezeichnen wohl nicht mehr modern ist. Ein angemessener Vergleichsmaßstab mag angedeutet werden durch die Namen von Merleau-Ponty, Lefebvre, Adorno und vielleicht den jungen Lukács. Diese Tradition hat bisher in der englisch sprechenden Welt kaum Einfluß gehabt, doch wird sie jetzt zunehmend mit der Neuen Linken in Verbindung gebracht. Als ein Beitrag zur amerikanischen Diskussion des Neomarxismus – oder wie immer man ihn nennen mag – besitzt Marcuses Buch also seinen eigenen kulturellen Stellenwert. Hier sollen lediglich einige seiner Hauptargumente untersucht werden, und es liegt nicht an der mangelnden Sympathie des Rezensenten für die generelle Intention des Verfassers, wenn die folgenden Bemerkungen überwiegend kritischer Art sind.

Der eindimensionale Mensch ist eine Herausforderung an das, was Marcuse als die offizielle Ideologie der heutigen westlichen Gesellschaft auffaßt. Er entfaltet diesen Punkt in einer Analyse bestimmter vorherrschender Meinungen, beispielsweise des Glaubens an die Neutralität der Wissenschaft; darüber hinaus wird jedoch auch die Art und Weise, in der die Gesellschaft tatsächlich (jedenfalls in den Vereinigten Staaten) funktioniert, einer kritischen Prüfung unterzogen. Die politischen und soziologischen Kapitel stützen sich weitgehend auf das Werk C. Wright Mills', dessen »hohe Bedeutung« für Marcuses Analyse in der Vorrede gebührend hervorgehoben wird. Die im engeren Sinne philosophischen Gedanken entfalten sich aus einem Argument, das bereits in *Eros and Civilization*[2] angedeutet war. Die leitende Idee ist

2 Deutsch: *Triebstruktur und Gesellschaft,* Frankfurt a. M. 1965.

dort das menschliche Glück und seine Versagung durch eine repressive Kultur, die mit der einen Hand gibt und mit der anderen wieder nimmt. Die moderne Technologie hat uns alle potentiell reicher und tatsächlich ärmer gemacht, dadurch daß sie die individuelle Freiheit aushöhlte, die Konformität förderte und auch dadurch, daß sie die Natur zerstörte. Dieser Zustand findet seine ideologische Rechtfertigung in dem – wie Marcuse sagt – »positiven Denken und seiner neopositivistischen Philosophie«. Ein Kapitel ist der Kritik Wittgensteins und seiner Nachfolger gewidmet. Zielscheibe der Kritik ist hier nicht bloß die Haarspalterei, die von den Sprachanalytikern betrieben wird, sondern die Scheidung von Tatsachen- und Werturteilen. Trotz seiner Bindung an Marx und Freud (beziehungsweise Marx plus Freud) steht Marcuse im Grunde in der Tradition Hegels. Wenn er die traditionelle Philosophie gegen den Positivismus verteidigt, so stützt er sich auf die These, die Wahrheit über die geschichtliche Lage werde erkannt, indem man die Grenzen des empirischen Denkens überschreitet. In einem 1954 geschriebenen Nachwort zur zweiten Auflage seines bedeutenden Werkes über Hegel *Reason and Revolution* (London 1955) schreibt er[3]: »Die Vernunft ist in ihrem tiefsten Wesen Wider-Spruch, Opposition, Negation, solange die Vernunft noch nicht wirklich ist. Wird die widersprechende, oppositionelle, negative Kraft der Vernunft gebrochen, so bewegt sich die Wirklichkeit unter ihrem eigenen positiven Gesetz und entfaltet ungehindert vom Geist ihre repressive Gewalt. Ein solcher Niedergang der Macht der Negativität hat in der Tat den Fortschritt der spätindustriellen Zivilisation begleitet.« Ein Jahrzehnt später geht sein Pessimismus so weit, daß er behauptet, gerade die Sprache der modernen Wissenschaft tendiere dahin, »das Universum der Rede abzusperren«.

3 Deutsch unter dem Titel *Vernunft und Revolution*, Neuwied und Berlin 1962, Seite 370.

Endlich wendet sich Marcuse der Erörterung einer Erscheinung zu, die gemeinhin als Kalter Krieg bezeichnet wird – ein Ausfluß seiner insistierenden Kritik am bestehenden Zustand, der durch den gegenwärtigen Konsensus in seiner Wahlheimat aufrechterhalten wird. Besonders dieses Kapitel gehört meines Erachtens nicht zu den gelungenen Teilen des Buches, und manche seiner Aspekte werden selbst bei den Lesern, die der allgemeinen Zielsetzung des Verfassers zuneigen, Zweifel hervorrufen. So ist beispielsweise nicht ganz klar, ob er die Steigerung des Lebensstandards nach 1945 gutheißt, welche der Arbeiterklasse in den fortgeschrittenen Industrieländern gestattete, ihrer vormals entrechteten Daseinsweise zu entrinnen. Gewiß steht er nicht auf dem Standpunkt, den man vielleicht als das Baran-Sweezy-Syndrom bezeichnen könnte – ich meine damit die Vorstellung, der ganze Prozeß habe sich auf Kosten der unterentwickelten Länder vollzogen und sei deshalb zu mißbilligen. Es ist jedoch unklar, ob dem Verfasser bewußt ist, wie groß (und von welch kurzer Dauer) dieser Fortschritt ist, und darüber hinaus, daß er die Voraussetzung jedes weiteren politischen und sozialen Fortschritts ist. Einige seiner Bemerkungen könnten verstanden werden als ein versteckter Vorwurf an die Arbeiterklasse, daß sie aufgehört habe, ein Proletariat im Sinne des 19. Jahrhunderts zu sein.

Dieser Punkt hängt mit einer anderen Schwäche von Marcuses Analyse zusammen, die ihrerseits für seine pessimistische Beurteilung des Kalten Krieges eine gewisse Bedeutung hat. Um die politische Freiheit scheint er sich keine großen Sorgen zu machen. Seine Abneigung gegen die leichtsinnige Verwendung des Ausdrucks »totalitär« ist verständlich; aber es ist bestimmt kein Ausweg, wenn man diesen Ausdruck ganz und gar ausschaltet (oder seine Bedeutung dadurch verwirrt, daß man sagt, »die Weise, in der sie ihre technologische Basis organisiert hat«, bringe die »moderne Industriegesellschaft« dahin, totalitäre Tendenzen zu entwickeln). Wenn mit »Kommunismus« das politische Regime im sowjetischen Machtbereich gemeint ist (was sonst könnte damit gemeint sein?), dann ist dessen Antithese nicht der »Kapitalismus« – wie Marcuse anscheinend meint –, sondern entweder die »Demokratie« oder der »Faschismus« beziehungsweise irgend ein anderer politischer Begriff. Denn selbst wenn es stimmen sollte, daß die moderne Gesellschaft ihrer Natur nach potentiell totalitär ist, so bleibt es gleichwohl eine Tatsache, daß sie (wenn man die fehlgeschlagenen faschistischen Experimente ausnimmt) bisher nur auf einer Seite der großen Scheidelinie totalitäre Gestalt angenommen hat. Dieser lästige Umstand wird in Marcuses Darstellung verschleiert. »Nicht nur eine besondere Regierungsform oder Parteiherrschaft bewirkt Totalitarismus, sondern auch ein besonderes Produktions- und Verteilungssystem, das sich mit einem »Pluralismus« von Parteien, Zeitungen, ›ausgleichenden Mächten‹ e. c. durchaus verträgt«, schreibt er.⁴

Ich gestehe, daß ich außerstande bin, dieser Bemerkung irgendeinen Sinn abzugewinnen. Sie ist offenbar in sich widersprüchlich und – mit ihrer wohlwollenden Nichtberücksichtigung des »besonderen Produktionssystems«, das dem sowjetischen Regime zugrunde liegt – auch ein wenig unredlich. Der Kalte Krieg ist ein Gebiet, auf dem die Philosophen nur schwer ihr Gleichgewicht bewahren können, und sei es nur deshalb, weil sie mit den Tatsachen nicht immer ganz auf dem laufenden sein können. Liest man Marcuses Überlegungen zu dem Thema, dann erkennt man eine Tendenz, die dialektische Antithese zwischen den beiden Systemen, die einander heute gegenüberstehen, ein wenig zu übertreiben. Die offenbare Bipolarität der Weltpolitik in unserer Zeit fördert eine Neigung, in grundlegenden Antagonismen zu denken. Wir sind dann um so mehr überrascht (die Chinesen freilich nicht), wenn die USA und die UdSSR plötzlich eine Tendenz

4 *Der eindimensionale Mensch*, a.a.O., Seite 23.

zur Annäherung erkennen lassen. Ein anders geartetes Mißverständnis mag aus der Art und Weise herrühren, in der die
Politiker die »friedliche Koexistenz« (oder was als solche
gilt) deuten, wenn sie sie ihren Wählern erklären. Da es zwischen den beiden Supermächten auf einigen Gebieten friedlichen Wettbewerb gibt, ist es eine naheliegende Vermutung,
daß sie einander ähnlicher werden müßten. Das ist in mancher Hinsicht der Fall, in anderer jedoch nicht, zum Beispiel
in ökonomischer.

Vielleicht ist es ein Glück, daß dieses Thema für die Zielsetzung Marcuses marginal ist. Er befaßt sich hauptsächlich mit
den Vereinigten Staaten. Seine Kritik der offiziellen Ideologie – denn natürlich *ist* es eine Ideologie, auch wenn ihre
Sprecher behaupten, für derartige Konstrukteure keine Verwendung zu haben – weitgehend von dem Werk des verstorbenen C. Wright Mills beeinflußt. Das ist ein Gegenstand, der
für Außenseiter nicht ohne Gefahren ist. Ich kann dazu nur
meinen Eindruck mitteilen, daß manche Amerikaner, die dem
naiven Populismus Mills' kritisch gegenüberstehen, es durchaus für möglich halten, daß die demokratischen Institutionen
eines Tages einer unerträglichen Belastung ausgesetzt sein
werden. Wenn man ihr Urteil eventuell respektiert, so kann
man es andererseits für einigermaßen gesichert halten, daß
Westeuropa diese besondere Gefahrenzone bereits hinter sich
hat. Die europäischen Länder brauchen schließlich nicht mehr
die Verantwortung für ihre früheren Kolonialreiche zu tragen. Sie brauchen sich auch keine Sorgen zu machen über den
Einfluß von Dauerarbeitslosigkeit auf Rassengegensätze, die
schon durch die Verhältnisse in den Slums fast unerträglich
geworden sind. Das sind Probleme, die nur die Vereinigten
Staaten betreffen. Außerdem scheint vieles von dem, was
Marcuse über die Gedankenkontrolle durch die Massenme-
dien zu sagen hat, eher ein amerikanisches Phänomen sein als
etwas, das im Charakter der modernen Industriegesellschaft
begründet wäre. Aber selbst aus der pessimistischeren Hypo-

these, der er zusammen mit einem großen Teil der Neuen Linken zuneigt, folgt keineswegs, daß das Thema sinnvoll unter dem Gesichtspunkt des Ost-West-Gegensatzes diskutiert werden kann. Wenn langfristig der Liberalismus und der Marxismus denselben Problemen gegenüberstehen, dann muß die wirkliche Trennungslinie in der Welt von heute anderswo verlaufen.

Tatsächlich verläuft sie natürlich – wie mittlerweile jeder weiß – zwischen den fortgeschrittenen und den unterentwickelten Ländern beziehungsweise zwischen den Kulturen, die mittlerweile die industrielle Revolution entweder durchlaufen haben oder nicht. Das ist zweifellos der Grund, warum die Inder, die Chinesen und andere mit wachsender Gleichgültigkeit über die Aussichten spekulieren, daß die USA und die UdSSR einander angreifen werden. Ein solches Ereignis ist unwahrscheinlich. Die künftigen Probleme der Weltgesellschaft werden auf beiden Seiten der politischen Trennungslinie so ziemlich die gleichen sein – wenn es keine Katastrophe gibt, worüber man keine Vorhersage machen kann.

Das letztere gibt allerdings der Anklage Marcuses ihre Berechtigung: Die Welt, in der wir leben, ist irrational. Die Irrationalität ist jedoch nicht das besondere Merkmal einer Gesellschaft, in der es an einer wirksamen, zentralen, sozialen Kontrolle fehlt. In der UdSSR besteht eine derartige Kontrolle, ohne daß deshalb die Vernunft regierte, was wiederum zum großen Teil daran liegt, daß die offizielle Ideologie ein unanfechtbares Monopol besitzt, so daß alles von einer Handvoll Politiker abhängt. Überdies ist es zweifelhaft, ob das über unseren Köpfen schwebende nukleare Schwert tatsächlich das wahre Symbol einer verrückt gewordenen Zivilisation ist. Die Vorstellung ist plausibel, und Marcuse nutzt sie weidlich aus, aber so einleuchtend ist sie nicht für Menschen, die nicht zu unserer Kultur gehören. Für die meisten Bewohner unseres Planeten geht es immer noch darum, sich einer unwürdigen Daseinsform zu entziehen. Es besteht aller

Anlaß zur Besorgnis, und die Philosophen haben recht, wenn sie uns daran erinnern, daß wir eine Welt geschaffen haben, die unter Umständen über uns zusammenbrechen wird. Aber es ist genau diese Zivilisation und keine andere, die das Problem wird lösen müssen, das Marcuse als die »Befriedung des Daseins« bezeichnet. Garnichts ist zu erhoffen von den rückständigen Ländern, die sich jetzt in einem Wettlauf befinden, um unseren Wahnsinn zu kopieren. Die Gesellschaft, aus der die neue Technologie hervorgegangen ist, wird mit dieser leben oder sterben müssen, und wenn sie leben will, wird sie ihre gegenwärtigen Beschränkungen überwinden müssen, deren größte die nationale Souveränität und der Krieg sind.

Im Zentrum der Analyse Marcuses steht das Problem, wie diese Überwindung sich bewirken ließe in einer zunehmend konformistischen Kultur, die den Klassenkampf in seiner alten Form immer mehr abschafft. Es führt ihn zu einer interessanten Diskussion der gesellschaftlichen Veränderungen, die sich aus der Automation und überhaupt aus der zunehmenden technischen Rationalität ergeben. Was er als »eindimensionales« Denken bezeichnet, ist ein Aspekt der wachsenden Herrschaft der Technologie über das Individuum. Während man seine Unterscheidung zwischen einer »vortechnologischen« und einer »technologischen« Ära durchaus anfechten kann, ist es unbestreitbar, daß sich ein qualitativer Wandel vollzogen hat, aufgrund dessen die bloße Größe und Komplexität des Apparats die Produzenten zu überwältigen droht. Damit einher geht eine wachsende Distanz zwischen den Kontrolleuren an der Spitze der neuen Hierarchie und dem »Personal« an der Basis. Für einen Sozialisten ist es nun wichtig, daß die Mechanisierung zunehmend den Einsatz bloßer physischer Energie ausschaltet, also das, was man gemeinhin als Arbeit bezeichnet. Das hat Folgen sowohl für die Theorie als auch für die politische Strategie von Bewegungen, die, wenn sie nicht an Boden verlieren wollen, die Unterstützung von Büroangestellten gewinnen müssen. Da das wissenschaftliche Potential der Industrie sich entfaltet, wird die unmittelbare Ausbeutung lebendiger Arbeit zu einer Randerscheinung, und die traditionelle Arbeiterklasse nimmt in ihrem relativen Umfang ab. Das alles kam nicht ganz unvorhergesehen: Wie Marcuse zu Recht hervorhebt, hat Marx es vor über einem Jahrhundert vorausgesagt. Allerdings scheint er geglaubt zu haben, daß ein Zustand, in dem »menschliche Arbeit in ihrer unmittelbaren Form aufgehört hat, die große Quelle des Reichtums zu sein«, nicht unter dem Kapitalismus eintreten würde. Das Neue an der Situation ist die Entdeckung, daß er eintreten *kann* (wenn auch nicht unter einem »freien«, ungeplanten laissez-faire-Kapitalismus).

Das hängt mit einer anderen Entwicklung zusammen, die die traditionellen Vorstellungen der Sozialisten verändert hat, nämlich dem stetigen Anstieg der Realeinkommen, zumindest jener, die eine regelmäßige Beschäftigung haben. Unter der Voraussetzung, daß die Vollbeschäftigung gesichert werden kann – für die Vereinigten Staaten zugegebenermaßen eine kühne Voraussetzung, die aber in Westeuropa durchaus gilt, wo staatliche Planung und »mixed economy« zu einer festen Einrichtung geworden sind –, wird durch die Verbindung dieser Faktoren die Vorstellung ausgehöhlt, daß der Übergang zu einer wirklich rationalen Ordnung sich notwendig über einen politischen Umsturz vollziehen müsse. Wahrscheinlich wird er sich in der Tat »friedlich« vollziehen, und zwar nicht nur deshalb, weil Wirtschaftsplanung eindeutig rational und vorteilhaft ist, sondern auch, weil die organisierte Arbeiterbewegung, wenn sie sich wirksam mit der neuen technischen Intelligenz verbündet, stark genug ist, um den Übergang mit friedlichen Mitteln zu erzwingen – eine Möglichkeit, die von »revisionistischen« Sozialisten bereits zu Anfang dieses Jahrhunderts gesehen wurde, allerdings aus verständlichen Gründen nicht früher. Das bedeutet *nicht,* daß die Ausbeutung (im Marxschen Sinne) aufgehört hätte oder daß die Arbeiterklasse zur »Mittelklasse« geworden wäre. Es bedeutet dagegen, daß die Arbeiterklasse in den fortgeschrittenen (kapitalistischen oder sozialistischen) Industrieländern aufgehört hat, ein »Proletariat« zu sein, denn es gehört zur Definition dieses Begriffs, daß die Lohnarbeiter auf dem bloßen Existenzminimum gehalten werden. Daher kann kein Sozialist eines hochentwickelten Landes ernsthaft die Art politischer Aktionen in Erwägung ziehen, die den Armen und Ausgebeuteten im vorindustriellen Hinterland noch möglich ist.

Wie wichtig dieses Thema für Marcuses Argumentation ist, erkennt man an seiner nachdrücklichen Betonung der Gefahren, die der von ihm sogenannten »Eindämmung« der möglichen Rebellion gegen einen Wohlfahrtsstaat anhaften, der zugleich ein Kriegführungsstaat ist. »Haß und Enttäuschung werden ihres spezifischen Ziels beraubt, und der technologische Schleier verhüllt die Reproduktion von Ungleichheit und Versklavung«, schreibt er an einer Stelle[5], und an anderer Stelle stellt er die verzweifelte Frage[6]: »Besteht irgendeine Aussicht, daß diese Kette anwachsender Produktivität und Repression zerbrochen werden kann?« Die Gefahr sieht er darin, daß, nachdem die Arbeiterschaft gezähmt worden ist, niemand mehr da sein wird, um die grundlegende Irrationalität des Systems in Frage zu stellen. »Das System tendiert so zu totaler Verwaltung und totaler Abhängigkeit der Verwaltung von den öffentlichen und privaten ›Führungskräften‹ und festigt die prästabilisierte Harmonie zwischen dem Interesse der großen öffentlichen und privaten Körperschaften und dem ihrer Kunden und Diener.«[7] Er deutet jedoch auch an, daß das System sein eigenes Korrektiv hervorbringt. »Einmal zum materiellen Produktionsprozeß schlechthin geworden, würde Automation die gesamte Ge-

5 *Der eindimensionale Mensch*, S. 52.
6 Ibd., S. 54.
7 Ibd., S. 55.

sellschaft revolutionieren. Zur Perfektion getrieben, würde die Verdinglichung der menschlichen Arbeitskraft die verdinglichte Form dadurch zerstören, daß sie die Kette durchschnitte, die das Individuum an die Maschinerie bindet – den Mechanismus, wodurch seine eigene Arbeit es versklavt. [...] Das wäre die geschichtliche Transzendenz zu einer neuen Zivilisation.«[8] Wahrscheinlich würden die meisten Sozialisten und möglicherweise einige Liberale das akzeptieren, so wie sie Marcuses Bemerkungen über jene Art von Rationalisierung akzeptieren würden, die lediglich die Herrschaft der bestehenden Autoritäten stärkt. Anderer Auffassung sind sie wahrscheinlich insofern, als sie im Hinblick auf einen demokratisch herbeigeführten strukturellen Wandel mehr Hoffnungen haben.

Hier ist nicht der Ort, um ausführlich auf das einzugehen, worauf es Marcuse eindeutig am meisten ankommt – auf seine Verteidigung der traditionellen Philosophie gegen den positivistischen Wissenschaftsglauben. Eine Andeutung der Hauptrichtung seiner Argumentation muß genügen. Marcuse ist vor allem bemüht, jene impliziten »Werturteile« zu rechtfertigen, die mit dem kritischen Denken notwendig verbunden sind: Kritisches Denken bedeutet, sich zur Vernunft zu bekennen. Indem er die Vorstellung der Transzendenz ausschaltet, sanktioniert der Empirismus implizit die bestehenden Verhältnisse mit allen ihm innewohnenden Irrationalitäten. Verarmung des Denkens und der Sprache, die vielem, was die moderne Soziologie äußert, anhaftet, ist Gegenstand einiger der eindrucksvollsten Polemiken Marcuses. Sie sollten auch von denen ernst genommen werden, die ihm nicht bei allen seinen Kritiken an Wittgenstein und seinen Nachfolgern folgen können.[9]

8 Ibd., S. 57.
9 Siehe wegen einer schneidenden Kritik an Marcuses Vorstellungen über die moderne Wissenschaft Peter Sedgwick, *Natural Science and Human Theory*, in: *The Socialist Register*, London 1966, bes. S. 174. Da sie von

Der Verlust der philosophischen Dimension – auf welchen Anlässen er ursprünglich auch immer beruhen mag – führt zu einem Verlust der historischen Dimension und einer entsprechenden Verkürzung der politischen Perspektiven. Das ist, wie der Autor bemerkt, nicht eine Frage der Partei: Den »alten Stil« der politischen Rede findet man bei Konservativen wie Tocqueville und Burckhardt, bei Liberalen wie Mill ebenso wie bei Marx. Umgekehrt höhlt der Jargon des modernen Wissenschaftsglaubens *jegliche* politische Philosophie aus. Gewiß mußte für die Emanzipation der Wissenschaft von Theologie und Metaphysik ein Preis bezahlt werden, aber jetzt ist der Prozeß außer Kontrolle geraten und die drohende Errichtung einer ausschließlich wissenschaftlichen Realitätsdeutung – zusammen mit einer technologischen Welt, die ihre eigene *raison d'être* vergessen hat – ist eine reale Gefahr. Es ist allerdings nicht ausgemacht, ob sie nicht im Osten bedrohlicher ist als im Westen. Der Kult des »social engineering« besitzt genauso wie die humanistische Revolte gegen ihn anderwärts sein Gegenstück. Eine ähnliche Schwierigkeit, die nur nebenbei erwähnt werden kann, betrifft die Beziehung einer philosophischen Kritik dieser Art zu ihren Ursprüngen in der klassischen Antike. Jene Denkweise, die Hegels Philosophie zugrunde liegt – und Marcuses Arbeit geht letzten Endes auf Hegel und Marx zurück –, geht historisch der Unterscheidung zwischen Tatsachen- und Werturteilen voraus. Beides – Tatsachen und Werte – erkannte man durch einen

einem Sozialisten stammt, sollte diese Kritik für manchen Leser Marcuses von besonderem Gewicht sein, der vielleicht allzu bereitwillig dessen Darstellung eines konformistischen wissenschaftlichen Establishment akzeptiert hat, das dem »Operationalismus« und dem »Behaviorismus« huldigt. Es ist in der Tat ein wenig paradox, wie Marcuse der Tradition Marxens und Freuds treu zu bleiben wünscht und gleichzeitig wissenschaftliche Verfahrensweisen wie die Konstruktion abstrakter Modelle verwirft. Manche seiner Argumente zeigen einen deutlichen Hauch antikartesianischer Romantik – ein ehrwürdiges Überbleibsel aus der Zeit der deutschen »Naturphilosophie«, das mehr an Schelling als an Marx erinnert.

einzigen geistigen Akt, der zugleich das zeitlose Wesen der Dinge und damit das Kriterium der Unterscheidung zwischen Realität und Schein festlegte. In der Geschichte des europäischen Denkens ist Hegel der letzte große Vertreter dieser Tradition, die in einigen Elementen bei Marx überlebte (allerdings nicht im Marxismus, wie man ihn gemeinhin versteht). Es ist denkbar, daß wir nun an das Ende der Gegenentwicklung gelangt sind und daß die offenkundige Sterilität der vorherrschenden empiristischen Orthodoxie zu einem erneuten Versuch führen wird, die (philosophische) Theorie mit der (politischen) Praxis zu verbinden, mit anderen Worten: daß die Menschen erneut versuchen werden, Werte zu verwirklichen. Man sollte jedoch skeptisch gegenüber der Vorstellung sein, das könnte (auch nur in Gedanken) durch eine Verlängerung geschichtlicher Tendenzen geschehen. Es ist eher wahrscheinlich, daß die neue Entwicklung mit einem Entschluß eingeleitet wird, sie künftig von der Geschichte zu distanzieren.

Eine solche Veränderung ist ungefährlich für einen Humanismus, der seine Rechtfertigung in der Befriedigung tatsächlicher (materieller und intellektueller) Bedürfnisse sieht; aber sie verlangt, daß die Geltung von leitenden Prinzipien oder *Ideen* (im Unterschied zu bloßen *Idealen*) überprüft wird. In einem interessanten Kapitel über das »negative Denken« spricht Marcuse beiläufig von dem »totalitären Ganzen technologischer Rationalität« als »der letzten Umbildung der Idee der Vernunft«.[10] Nun ist aber eine »Idee«, die sich zu einem materiellen Ganzen gesellschaftlicher Verhältnisse umbilden kann, eindeutig etwas anderes als eine bloße »Ideologie«. Marcuse führt die »Logik der Herrschaft« auf ihre Ursprünge in der Logik selbst zurück, d. h. auf die ursprüngliche Trennung des Logos vom Eros, des Intellekts vom Gefühl, der funktionalen Manipulation von der Wesenserkenntnis

10 A.a.O., S. 139.

(um ein Vokabular zu benutzen, das nicht dasjenige Marcuses ist). Der »technologische Mensch« soll als Endresultat aus einem langwierigen Prozeß entstanden sein, der mit der Etablierung der abstrakten Verallgemeinerung als der vorherrschenden Weise des Diskurses beginnt. Diese Einseitigkeit wird implizit korrigiert durch die »dialektische Logik«, die »die Konkretheit der unmittelbaren Erfahrung verneint«. Sie zeigt, daß diese Erfahrung beschränkt und widersprüchlich ist. Was die »unmittelbare Erfahrung« uns zeigt, ist das Bedürfnis, die Natur zu beherrschen. »Aber es gibt zwei Arten von Herrschaft: Eine repressive und eine befreiende. Letztere zieht die Verringerung von Elend, Gewalt und Grausamkeit nach sich. In der Natur wie in der Geschichte ist der Kampf ums Dasein das Zeichen von Knappheit, Leiden und Mangel. Sie sind die Qualitäten der blinden Materie, des Reichs der Unmittelbarkeit, worin das Leben sein Dasein passiv erleidet. Dieses Reich wird allmählich im Laufe der historischen Umgestaltung der Natur vermittelt. [...] Geschichte ist die Negation von Natur. Was bloß natürlich ist, wird durch die Macht der Vernunft überwunden und wieder hergestellt. Die metaphysische Vorstellung, daß die Natur in der Geschichte zu sich selbst kommt, verweist auf die noch unaufgehobenen Grenzen der Vernunft.«[11]

All das steht in der Tradition des deutschen Idealismus und Marxens, dessen verstreute Bemerkungen zu dem Thema jenes unverkennbare Pathos zeigen, mit dem der Geist der rohen Schöpfung entgegengesetzt wird. Aber ist es Rationalität, was uns (bzw. manche von uns) vor bestimmten Anblikken zurückschrecken läßt? An einer Stelle seines Buchs protestiert Marcuse gegen die theologische Vorstellung, Tiere hätten keinen Anspruch auf unser Mitgefühl, weil sie keine »Seele« hätten: »Der Materialismus, der vom Makel eines solchen ideologischen Mißbrauchs der Seele frei ist, hat einen

11 A.a.O., S. 247.

umfassenderen und realistischeren Begriff des Heils. Er gesteht der Hölle Realität nur an einem bestimmten Ort zu, hier auf Erden, und erklärt, daß diese Hölle durch den Menschen (und die Natur) hervorgebracht wurde. Zu dieser Hölle gehört die Mißhandlung von Tieren – das Werk einer menschlichen Gesellschaft, deren Rationalität noch immer das Irrationale ist.«[12] Was jenseits der instinkthaften Brutalität der Natur liegt, wird hier Vernunft genannt, obgleich die Idealisten es wohl eher als Geist bezeichnen würden. Vielleicht läßt sich ein gemeinsamer Nenner dahingehend bestimmen, daß die »Negation der Natur«, nach der die Philosophie verlangt, jedenfalls nicht von der Geschichte dekretiert wird, sondern lediglich eine historische Möglichkeit unter anderen ist. Wird diese Möglichkeit je verwirklicht werden? Marcuses Leistung ist daran zu ermessen, daß er diese Frage aufwirft.

1964

[12] A.a.O., S. 248.

Die Deutsche Ideologie

Nie hat es in Deutschland, der Heimat vergeblicher Hoffnungen und dem Schlachtfeld miteinander rivalisierender Weltauffassungen, an Denkern gefehlt, die sich über den Streit der Parteien und den Zusammenbruch von Reichen erheben konnten. Man könnte sagen, daß die unglückselige Geschichte des Landes in dem Abstraktionsgenie der Nation ihren Ausgleich fand. Woran es auf Erden gebrach, das holte man sich im Himmel der Metaphysik wieder. Nachdem sie durch die Reformation zerstückelt wurde, stellte man sich die zerbrochene Einheit der Nation im Reiche des Geistes wieder her. Von Leibniz und Lessing über Goethe und Hegel bis zu Schopenhauer und Nietzsche mühten sich die Dichter und Denker ab (die meisten von ihnen waren Protestanten; der Beitrag der Katholiken erfolgte hauptsächlich im Bereich von Architektur und Musik), ein ideales Deutschland in den Wolken zu errichten. Selbst die Bismarcksche Einigung von 1870 konnte die Kluft nicht wirklich schließen, und ohnehin währte sie nur bis 1945. Auf Preußen und den protestantischen Norden gestützt, konnte sie nicht ganz Deutschland umfassen. Der katholische Süden revanchierte sich 1933. Seither ist das Land ein weiteres Mal geteilt worden – diesmal entlang einer Ost-West-Achse; in einem Bruchstück des ehemaligen Preußen wurde eine Kopie des russischen Kommunismus eingeführt, während der Rest sich um das wohlhabende und philiströse Rheinland organisierte – wohl der einzige Teil Deutschlands, der jemals durch und durch bürgerlich wurde und der heute in der beschaulichen Mittelmäßigkeit seiner Politik beharrlich mit Belgien und der Schweiz wetteifert. Löwiths Werk *Von Hegel zu Nietzsche*[1] behandelt das

1 Stuttgart 1950 und Frankfurt 1969.

Thema in einer Weise, die mit der traditionellen Bega-
bung der Deutschen für eine nachträgliche Rationalisierung
historischen Mißgeschicks sehr gut harmoniert. Von gedieg-
ner Gelehrsamkeit, befördert es seine ungeheure Bildungslast
mit bemerkenswerter Leichtigkeit. Es handelt von dem letzten und katastrophalsten Kapitel in der langen und bekla-
genswerten Geschichte einer Nation, die Jahrhunderte lang
den modernden Leichnam des Heiligen Römischen Reiches
mit einem Anschein von Leben erfüllte. Das Thema ist einge-
grenzt durch die Ereignisse, welche den Aufstieg und Fall des
deutschen Nationalismus in der Neuzeit markieren: die
Französische Revolution und die Krise der westlichen Gesellschaft im 20. Jahrhundert.
Wie es sich gehört, beginnt Löwith mit Goethe und Hegel,
die beide vom Sturm der Revolution merklich berührt wurden. Hegel beendete sein erstes und größtes Werk, die *Phänomenologie des Geistes,* einen Tag bevor Napoleon am 14.
Oktober 1806 in der Schlacht von Jena dem Geist des Heiligen Römischen Reiches ein Ende machte. Vom Fenster seiner
Studierstube sah der Philosoph den Eroberer durch die Stadt
reiten. Einige Wochen später begegnete Goethe (in seiner offiziellen Eigenschaft als Chef der Regierung von Weimar)
dem Kaiser aus nächster Nähe. Weder Goethe noch Hegel
hegten irgendwelche Illusionen darüber, was das alles bedeutete. Sie wußten, daß auch für Deutschland das Mittelalter
vorbei war, und versuchten, diesen Gedanken ihren Lands-
leuten zu verdeutlichen. Hegel hatte früher von einem »Kaiser« geträumt, der die Deutschen gewaltsam von oben einigen
würde, doch war er so vorsichtig, diesen Gedanken einem unveröffentlichten Essay anzuvertrauen, der später in einer
Sammlung seiner politischen Schriften erschien. Er war reali-
stischer als Goethe, der gegen den Nationalismus immer eine
Abneigung behielt. Doch auch für Hegel kam es nicht auf die
Nation, sondern auf den Staat an; das trug dazu bei, daß er
im Dritten Reich relativ unpopulär blieb, dessen Ideologen

das deklamatorische Pathos Fichtes der leidenschaftslosen Beschäftigung mit der Staatsräson bei Hegel vorzogen.

Die verworrene politische Geschichte des modernen Deutschland ist jedoch eigentlich marginal für Löwiths Werk, das
sein zentrales Thema eher in der Auflösung des protestantischen Christentums und dessen Verdrängung durch den säku-
laren Glauben an die Geschichte hat. Selbst in der Tradition
Jacob Burckhardts stehend (Heidelberg, wohin er nach Jahren des Exils zurückkehrte, die er zum großen Teil in den
Vereinigten Staaten zubrachte, ist nicht weit von Burckhardts
geliebtem Basel entfernt), betrachtet er das neunzehnte Jahrhundert als ein Vorspiel zu den Katastrophen unserer Zeit.
Von Hegel zu Nietzsche ist zuallererst eine Studie des Zer-
falls. Ihr Geist ist konservativ – im strengen Sinne dieses
vielfach mißbrauchten Ausdrucks. Man zögert, ihn als
»christlich-konservativ« zu bezeichnen, denn es gibt Anzei-
chen dafür, daß Löwith den Pessimismus seiner Lieblingsau-
toren im Hinblick auf die Möglichkeit einer christlichen Zivilisation teilt. Sein Glaube – wenn er als solcher bezeichnet
werden kann – ist der Kierkegaards und des Nietzsche-
Freundes Overbeck, der es als einen an sich paradoxen Versuch betrachtete, Christentum und Kultur miteinander zu
versöhnen, obgleich er ebenfalls annahm, daß Christentum
und europäische Zivilisation nicht ohne einander existieren
konnten. Die Dialektik dieser Beziehung hat deutsche Denker beschäftigt, seit Hegel zuerst den europäischen Geist auf
die Spur jener ausschließlich westlichen Errungenschaft brachte, nämlich der »Philosophie der Geschichte«. Auch Nietzsche,
der zwar kein dialektischer Denker ist, gehört zu dieser Tradition; daher der Titel der Löwithschen Arbeit. Das Buch ist
auf seine Weise ein hervorragender Beitrag zu einer Diskussion, die unter gebildeten Deutschen im Gange ist, seit sie
begannen, ihren überkommenen Glauben zu verlieren.

Dieser Teil der Löwithschen Untersuchung müßte bei Theologen Anklang finden. Diejenigen unter ihnen, die seine kur-

ze Untersuchung *Weltgeschichte und Heilsgeschehen*[2] kennen, werden nicht überrascht sein, ihn entschieden auf der Seite jener Denker zu finden, die es ablehnen, politischen Revolutionen einen eschatologischen Sinn zu geben. Löwith, der aus Hitler-Deutschland vertrieben wurde und harte Worte über Heidegger gesagt hat, steht in einer protestantischen Tradition, obwohl er teilweise jüdischer Abstammung ist. Was diese Tradition in der Praxis bedeutet, mag man einer Passage seiner Untersuchung von 1949 entnehmen, in der er beschreibt, wie sich der mittelalterliche Spiritualismus in einen revloutionären Glauben verwandelt, der aufgegriffen wird von »einer philosophischen Priesterschaft [...], die den Prozeß der Säkularisation als eine ›geistige‹ Verwirklichung des Reiches Gottes auf Erden deutete. Als ein Versuch zur Verwirklichung konnten die fortschrittlichen Denkformen von Lessing, Fichte, Schelling und Hegel in die positivistischen und materialistischen von Comtes und Marx verwandelt werden.«[3] Im Anschluß daran stellt Löwith eine sehr mühsame und nicht überzeugende Analogie zwischen der Dritten Internationale und dem Dritten Reich her. Durch seine deutschen und amerikanischen Schüler und Plagiatoren sind wir in den letzten Jahren mit diesem Topos vertraut gemacht worden. Er behält in Löwiths Schriften einen Rang, der unvermeidlich verloren geht, wenn die Kritik des Utopismus in eine Apologie des Status quo umschlägt – ein Schicksal, mit dem letzten Endes wohl jeder Denker rechnen muß, der sich auf die Seite des Konservativismus stellt. Dieses Thema überkreuzt sich in Löwiths Interpretation des 19. Jahrhunderts mit einem anderen, dem er den recht unglücklichen Untertitel »Studien zur Geschichte der bürgerlich-christlichen Welt« gegeben hat – unglücklich deshalb, weil ein Autor, der die Geschichte von einem theologischen Standpunkt aus beurteilt, die »bürgerliche Welt« sicherlich nicht ganz so ernst

2 Stuttgart 1953.
3 *Weltgeschichte und Heilsgeschehen*, Seite 146.

nehmen sollte. Es stimmt natürlich, daß Goethe und Hegel zu jener Welt gehörten, sowie auch Marx, dem Löwith ein ausgewogenes, wenn auch grundsätzlich ablehnendes Kapitel widmet. Es ist auch anfechtbar – jedenfalls wird es von Löwith bestritten –, ob Kierkegaard als ein Kritiker des »bürgerlichen Christentums« und nicht vielmehr als ein Rebell gegen die Christenheit überhaupt verstanden werden muß. Man gelangt auf diese Weise zu einem Überblick über – wie Löwith es nennt – »den revolutionären Bruch im Denken des neunzehnten Jahrhunderts«. Diese Revolution sollen vornehmlich drei Denker vollzogen haben: Marx, Kierkegaard und Nietzsche; wogegen sie revoltierten, war entweder die bürgerliche Gesellschaft oder das bürgerliche Christentum. Da das Gesellschaftliche etwas Vergängliches ist, bleibt das Christentum davon unberührt. Löwith glaubt deshalb, sein Werk im Tone entsagungsvoller Zuversicht beschließen zu können: »Daß es mit dem Christentum dieser bürgerlich-christlichen Welt schon seit Hegel und besonders durch Marx und Kierkegaard zu Ende ist, besagt freilich nicht, daß ein Glaube, der einst die Welt überwand, mit der letzten seiner verweltlichten Gestalten hinfällig wird. Denn wie soll die christliche Pilgerschaft *in hoc saeculo* jemals dort heimatlos werden können, wo sie gar nie zuhause ist?«[4]

Diese Frage ist eindeutig an Theologen (beziehungsweise Antitheologen) gerichtet. Einem Leser, der Löwiths Voraussetzungen nicht teilt, stellt sich der rein historische Aspekt seines Theams ein wenig anders dar. Man könnte ihn – auf die Gefahr hin, Löwith Unrecht zu tun – folgendermaßen zusammenfassen: nachdem Deutschland sowohl sich selbst als auch Europa vernichtet hatte, war es die Pflicht der deutschen Intellektuellen – auch eines Mannes wie Löwith, den das Dritte Reich verbannt hatte und der dessen Ideologen verachtete –, für die nationale Katastrophe eine Entsprechung im Be-

4 *Von Hegel zu Nietzsche*, 1969, Seite 418.

reich der Metaphysik zu suchen. Eine solche Entsprechung fand man in der modernen »Lebenskrise« und – weitergehend – in der Säkularisierung des religiösen Glaubens. Da die Katastrophe sich bereits in manchen Äußerungen Nietzsches düster angekündigt hatte, war es unerheblich, daß die Herren des Dritten Reiches sich selbst für Nietzscheaner hielten. Genauso unerheblich war es offenbar, daß die eigentümliche »Deutsche Ideologie«, die in dem Wahnsinn von 1933-1945 kulminierte, als eine Reaktion auf die Französische Revolution und *deren* Säkularisierung des Glaubens entstanden war. Kurz, man durfte bei dem traditionellen, konservativen Verständnis der deutschen Geschichte bleiben. Die konkurrierenden Deutungen des Liberalismus und des Marxismus waren wohl diskreditiert: die erstere durch ihre Oberflächlichkeit, die letztere durch den Ausgang der Russischen Revolution, welche sich als eine bloße Wiederholung der Französischen Revolution im größeren Maßstab herausgestellt hatte.

Die These ist plausibel, und Löwith stellt sie in einer Weise vor, welche die Auseinandersetzung über das Niveau hinaushebt, auf dem die Ideologen des Faschismus und des Stalinismus sie belassen hatten. (Wer glaubt, man könne Löwith mit Argumenten begegnen, wie Lukács sie in der *Zerstörung der Vernunft* vorträgt, muß mit einer unangenehmen Überraschung rechnen). Allerdings ist sein Standpunkt durchaus nicht unangreifbar. Ungeachtet seiner profunden Bildung und seiner wissenschaftlichen Redlichkeit bleibt Löwith ein Apologet der konservativen Richtung, und diese hat sich nie einer Tatsache gestellt, die den Radikalen als das zentrale Merkmal der ganzen Geschichte erscheinen muß: dem Umstand nämlich, daß die Katastrophe der europäischen Zivilisation sich im konservativen Deutschland und nicht im liberalen England oder im nachrevolutionären republikanischen Frankreich vollzog.

Es ist eine grundlegende Tatsache in der deutschen Geschichte seit dem 18. Jahrhundert, daß die Aufklärung in Deutschland nicht Wurzel fassen konnte. Sie wurde von Anfang an allzu eng als eine bloße Religionskritik verstanden (die auch noch weitgehend auf die protestantische Mittelschicht beschränkt blieb); das politische Gewicht, das dieser frühe Liberalismus einmal besessen hatte, ging in der Panik verloren, welche die Französische Revolution unter den Konservativen auslöste. Als sich zwischen 1810 und 1820 die nationalistische Bewegung zu formen begann, war die Romantik zur herrschenden Ideologie der gebildeten Deutschen geworden, die sich von Anfang an gegen den westlichen Traditionalismus wendete. Deutschland betrat also das Industriezeitalter in einer geistigen Verfassung, die noch überwiegend vom Mittelalter geprägt war. Das übrige besorgte die politische Niederlage des Liberalismus zwischen 1848 und 1871. Als Bismarck sein Werk abgeschlossen hatte, war das Land dem Westen entfremdet, und seine repräsentativen Denker wendeten ihre Energie an ehrgeizige intellektuelle Synthesen, die zeigen sollten, daß das, was Außenseitern wie ein Rückschritt erschien, in Wirklichkeit Ausdruck von Tiefsinn war. Ihre Hochblüte erreichte die »Deutsche Ideologie«, die in allen wesentlichen Bestandteilen bereits nach 1848 ausgebildet war, während des Ersten Weltkrieges und in den folgenden Jahren. Außer Spenglers Arbeiten gehören zu ihren literarischen Dokumenten auch Thomas Manns *Betrachtungen eines Unpolitischen*, ein Manifest, von dem sein Verfasser sich nur mit Mühe distanzieren konnte.

Die Bedeutung dieses Sachverhalts für Löwiths Thema erwächst aus einer Tatsache, der er keine Beachtung schenkt, die jedoch für ein Verständnis der historischen Dialektik zwischen der Französischen Revolution und der deutschen Gegenrevolution von entscheidender Wichtigkeit ist: aus dem Umstand, daß die Deutschen im letzten Teil des 19. Jahrhunderts nach und nach jenen Glauben an die Vernunft aufgaben, den die Enzyklopädisten mit Kant gemeinsam hatten und der während der Französischen Revolution für kurze Zeit auf den Thron erhoben wurde. Es war für die ganze spätere Geschichte Europas ausschlaggebend, daß der deutsche Nationalismus sich in einem geistigen Klima entwickelte, das den Universalismus der fortgeschrittenen westlichen Nationen ablehnte. Wo die Franzosen an den Menschen glaubten, lehrten Männer wie Fichte ihre Landsleute, an die Bestimmung der Deutschen zu glauben. Diese Verengung der Perspektive ging einher mit einem Aufpolieren von Illusionen, die sich auf die Vergangenheit des Landes richteten. Sogar die Demokraten, die 1948 in Frankfurt zusammenkamen, hatten den Kopf voll mit unsinnigen Vorstellungen über eine Wiederherstellung des Heiligen Römischen Reiches in seinen alten Grenzen. Damals wie auch später wurde jeder Versuch, das Land aus seiner Fixierung auf das Mittelalter herauszuziehen, als gefühllos, rationalistisch und als Untergrabung der »deutschen Christenheit« denunziert. Es ist die fundamentale Schwäche der konservativen Richtung – im besten Sinne repräsentiert durch ernsthafte und ernstzunehmende Autoren wie Löwith, im schlimmsten Sinne durch Männer wie Spengler und Heidegger –, daß sie mit diesem Aspekt der nationalen Katastrophe Deutschlands nie zu Rande gekommen ist. Sogar für Löwith scheint zwischen der romantischen Sehnsucht, die im Deutschland des späten 19. Jahrhunderts gang und gäbe war, und der monströsen Erscheinung des Dritten Reiches ein *hiatus irrationalis* zu bestehen. Wie minder intelligente konservative Denker sieht er den Ausweg in einer Verschmelzung aller spezifisch neuzeitlichen Tendenzen zu einem Einzelphänomen, das unterschiedlich als »die Revolution«, »die Neuzeit« oder »das Ende der bürgerlich-christlichen Welt« bezeichnet wird. Dieser letztere Ausdruck enthüllt in seiner unglücklichen Zusammenstellung religiöser und politischer Begriffe die Achillesferse des Konserativismus: das Unvermögen, den soziologischen Realismus mit einer Philosophie der Geschichte zu vereinbaren, die in ihren stillschweigenden Annahmen beharrlich theologisch, d. h. mittelalterlich, geblieben ist. Wenn die europäische Geschichte die Geschichte der Christenheit ist, gibt es keinen Grund, die Katastrophe der bürgerlichen Gesellschaft zu beklagen: sie bleibt eine unbedeutende Episode, die den Theologen nicht aus der Ruhe zu bringen braucht. Dann ist es aber merkwürdig, daß schon 1848 protestantische Autoren wie Kierkegaard und katholische Redner wie Donoso Cortes lautes Wehgeschrei erhoben. Was diese Traditionalisten beunruhigte, waren die ersten (und dazu noch wirkungslosen) Fanfaren dessen, was man seither als Demokratie bezeichnet. Was Tocqueville betrifft, so sah er Frankreich vom Untergang bedroht, wenn die Sozialisten mit ihren Gleichheitsvorstellungen jemals die Oberhand gewinnen sollten.

Wenn diese Alarmrufe einem heute eher langweilig und ein wenig kindisch vorkommen, so könnte man zu dem Verdacht neigen, daß etwas anderes als der Verfall der traditionellen Religion ihre Urheber erschreckte. Damit soll nicht geleugnet werden, daß es in der Tat zu jenem Glaubensverfall kam und daß er – jedenfalls in Deutschland – mit schrecklichen Konsequenzen verbunden war. Es soll lediglich hervorgehoben werden, daß die Konsequenzen gerade in jenen Teilen Europas besonders katastrophal waren, wo die Botschaft der Revolution zurückgewiesen worden oder niemals durchgedrungen war.

1965

edition suhrkamp

Alphabetisches Verzeichnis der edition suhrkamp